# 別動不動就自責

把罪惡感化為力量，不內耗的禪智慧

枡野俊明 著
謝敏怡 譯

# 目錄

## CHAPTER 2 ✦ 不糾結於過去

### 傷害了別人

## 說謊、說大話



# CHAPTER 3 不受「自我」束縛

## 戒不掉壞習慣

**遇到討厭的事情，總是選擇逃避**



**沒辦法對自己好**



**對人生充滿無力感**

CHAPTER 4

# 釋放罪惡感的禪說話

前言

# 罪惡感是成長的養分，允許自己值得幸福

有時候，我們想改掉某些習慣，卻怎麼也做不到，於是開始責怪自己。

我們總是過於在意他人的眼光，很容易因為一點小小的失誤而懊悔不已。

曾經不小心傷害了某個人，心裡始終懷抱著歉意，總覺得應該向他說對不起。

看著重要的人陷入困境，卻什麼忙也幫不上，無法原諒無能的自己。

覺得自己無意間冒犯到別人、讓人不愉快，一顆心上上下下、靜不下來。

期待已久的假期，卻覺得玩得太開心會被罵愛玩、沒責任心。

「為什麼我會做出這種事？」、「又給大家添麻煩了……」腦袋瓜不斷想著過去的事情，覺得懊悔而停滯不前，無法好好享受當下。

這些情緒稱為「罪惡感」。我們既沒有竊盜，也沒有欺騙或傷害他人，但依然會因為一點點小事，而感到愧疚不安、充滿罪惡感。

從旁人的角度來看，那些或許都是微不足道的小事。但是對當事人而言，罪惡感就像束縛心靈的枷鎖，緊緊綁住原本自由的心，讓步伐變得沉重、沒有活力。

**罪惡感本身並不是什麼稀奇古怪的東西，它可以說是我們良心的**

**體現**。罪惡感不斷提醒我們：「不可以、也不想再做那種事情了。」這樣的念頭，有助於維持社會的和諧。此外，回頭檢視並省思令人感到罪惡的經歷，我們也能從中汲取教訓，避免重蹈覆轍。換句話說，罪惡感能成為正面能量，讓我們「活得更好」。

然而，凡事都要有節制，必須適可而止。

過度的罪惡感，會使身心變得僵固沒彈性，阻礙我們自由成長。當我們受到罪惡感束縛，也無法感受到幸福。甚至有人會因此認為：「像我這種人，不值得擁有幸福。」而不斷責備自己，最終內心失去平衡。

該如何放下罪惡感？

又該如何允許自己擁有幸福呢？

怎麼善用罪惡感，讓它成為我們前進的力量呢？

本書將透過「禪」的智慧，為你提供一些提示和啟發。

無論我們活得再怎麼光明磊落，努力不犯錯，也很難完全不感到內疚、沒有罪惡感，因為現實中沒有完美的聖人君子。每個人偶爾都會犯點小錯，抱著罪惡感活著。禪的智慧和教誨告訴我們，即使如此，我們依然能夠活出自我、積極向前走。

禪的核心精神就在於活在當下，「專注每一個當下的瞬間」。不是執著於無法改變的過去，也不是憂慮尚未到來的未來，而是全心全意地活在「此時此刻」。希望各位明白，**當我們學會專注於當下，罪惡感便不再是束縛，而是促使我們成長的養分**。

希望這本書能夠幫助你解開內心的枷鎖，從罪惡感中解脫出來，找到屬於自己真正的幸福。

# CHAPTER 1

✦

# 把自責轉化為活下去的力量

# 如何擺脫束縛、活在當下？

禪的智慧告訴我們，要竭盡全力活在「此時此刻」。活在當下，能讓我們的心從煩惱與執著的重擔中獲得解脫，活出最純粹的模樣。

而罪惡感，正是一種心理的重擔。

「我當時為什麼沒那樣做？」

「我當時為什麼會說出那種話？」

我們不斷責備自己，不斷回想著那個無法改變的過去，內心變得越來越沉重。每問一次「為什麼」，都讓我們的身心更沉重，手腳被悔恨綑綁得更緊。

面對這樣的困境，禪怎麼說呢？

禪告訴我們，「活在當下」就對了。

請各位不要誤會，這裡不是要你把過去犯的錯統統忘掉。

相反的，禪的智慧提醒我們，後悔不能放著不管，必須讓「過去」成為活出更好「當下」的養分。

不用我說大家也知道，我們無法改變過去。

但只要抱持著不再重蹈覆轍的念頭，罪惡感便能成為讓我們活得更好的養分。這條路當然不好走，有些人甚至為了彌補過去的錯失，焦急地做了許多嘗試，弄得自己身心俱疲。

即使如此，每個人依然有機會從罪惡感中解脫，活出屬於自己的人生。我相信，禪的智慧能為你提供指引，幫你找到理想的人生步調。

**「隨處做主，立處皆真。」**

這句話出自臨濟宗的開山祖師臨濟義玄禪師。意思是無論遇到何種狀況，只要自己做主（以自己為主體），全力以赴，就不會被任何事物給左右，成為生命的主人。

罪惡感、後悔和愧疚，這些情緒全都來自過去的經驗。然而，過去是過去，現在是現在。我們活著的此時此刻，其實都獨立於過去。冬天不會「變成」春天，春天也不會「發展」成夏天。春夏秋冬四季並非相連，而是互為獨立的存在。同樣的道理，過去、現在與未來並非相互連結，而是各自獨立。

既然如此，我們能做的就是專注於當下，**全心全意地活在此時此刻**。這正是禪智慧的精髓。

# 罪惡感是枷鎖？還是自由之翼？

這世上恐怕沒有人能夠毫無罪惡感地走完一生，無論是活躍於鎂光燈下的明星，還是修行悟道的僧侶，都不例外。

有人悲傷不已地訴說：「我深深傷害了朋友，罪惡感快把我壓垮了。」

任何人都渴望從罪惡感中獲得解脫。然而，要實現這個願望並沒有那麼容易。既然如此，我認為可以換個比較正面的角度來看待罪惡感——**罪惡感或許正是我們「活著的證明」**。

在不久的將來，我們都會迎接生命的終點。到了那個時候，無論是此時此刻的感受，還是曾經歷過的事物，一切都將隨風而逝。這樣想，罪惡感其實也是生命脈動的一部分。比起過著平淡無奇、毫無情感起伏的人生，內心因悔恨而撕裂成碎片、情感豐富的人生，更值得我們去體驗和珍惜。

人之所以產生罪惡感，正是因為「想活得更好」的願望未能如願，不是嗎？每個人都渴望變得更好，想為他人帶來正面的影響，人天生就具有往上爬的欲望。因此，當我們撒了謊、傷害了他人，或未能回應別人的期待時，便會感到內疚、產生罪惡感，因為我們知道那不是自己本來想成為的模樣。

但請別忘了，我們「想變得更好」的念頭依舊存在。因此，不該讓罪惡感成為阻礙自身成長的枷鎖。

一旦陷入自責的螺旋之中，情緒便會產生惡性循環，像滾雪球一般，越想越不開心，最終把內心壓垮。

在負面的情緒壓垮你之前，請先停下腳步提醒自己：這世上不存在從未犯錯、失言的人，沒有人是完美無瑕的，那種人並不存在。

既然如此，我們該怎麼活下去呢？

讓罪惡感從懊悔，轉化為「省思」。如何讓這次後悔的經驗成為成長的養分？如何避免再次重蹈覆轍？禪的智慧能幫助我們把負面的經驗，轉化為正向的力量。

以下故事正是絕佳的案例。

「因為自己輕率的發言，為上司造成非常大的麻煩。那次之後，每當要開口前，我都會刻意停頓一下，思考『這句話講出來，是否會傷害到對方？』、『對方又會如何解讀？』養成這個習慣之後，我講起話來變得溫和多了，人際關係也因此獲得了改善。」

「有段時間，我太過專注於工作，經常忽略了與家人相處的時間。直到某一天，我因為工作太忙，而錯過了女兒的學校活動，讓我非常後悔自責。那次經驗讓我重新審視自己，開始留意工作與生活的平衡。結果，家人之間的關係變得更加緊密，工作也變得更順利。」

這些例子告訴我們，省思罪惡感，能幫助我們從中汲取教訓，避免重蹈覆轍，找到人生新的可能性。

罪惡感未必是束縛我們的枷鎖，它也可以成為帶我們飛向新未來的翅膀。

罪惡感究竟是枷鎖，還是羽翼呢？端看我們怎麼做決定。

# 放下之後，一切都順利了！

失去了摯愛，自責不已。

明知該放下，卻深陷其中無法自拔。

性格敏感，容易因為一點小小的失敗而耿耿於懷。

曾做過傷害他人的事情，懷疑自己是否有資格獲得幸福。

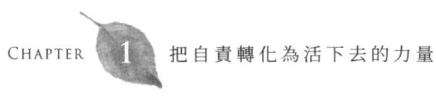

這些人有著共通點，他們誠實、情感豐富、責任感強，並希望為身邊的人帶來正面的影響。正因如此，他們習慣將所有的錯都歸咎於自己，背負著過度的罪惡感。

感到罪惡絕對不是什麼壞事，也不是稀奇的事。但有些人即使遇到相同的負面經驗，也絲毫不認為是自己的責任，生活過得心安理得、平穩自在。所以面對無法改變的過去，無止境地苛責、批判自己，並不值得鼓勵。正因為這些人心地善良，我衷心希望他們也能多愛自己、學會寬恕自己，卸下肩膀上過重的負擔。

**我們可以選擇放下所有的一切。**

試著放下所有束縛自己的念頭，讓心回到自由的狀態，重新思考——你真正渴望的人生是什麼模樣？

想走出那樣的人生，此時此刻的你，該怎麼做呢？

禪語中有句話：「放下著。」（「著」為語助詞。）意指把一切精思熟慮和經驗，全部都捨棄吧。這句話聽起來非常果決明快，其背後蘊含的智慧非常值得我們深思。

有則禪宗故事是這樣的。某位禪僧歷經長年的修行，終於獲得了開悟。他自認為已經可以完全放下執著，心中了無牽掛，於是前去請教師父：

「世人皆說『放下著』，但我已經放下了一切，再也沒有可捨之物，我還可以再放下什麼呢？」

師父聽了答道：「你連『自己已經放下一切』的念頭也要放下。」

這則禪問答點出了一個道理——**想讓內心擁有真正的寧靜，就必須放下一切執著。既然我們是以人生這座山頂為目標，何必背著沉重的包袱攀爬呢？一身輕裝前行，才是明智的選擇**。

不為萬事萬物所束，這個概念正是禪的核心精神。情緒也是如此。生而為人，我們有時會喜極而泣、憤怒難抑、悲從中來、歡喜滿溢，這些都是再自然不過的事。然而，若總是糾結於某種情緒之中，不是件好事。

尤其是對那些已成過去、無法改變的事，禪宗常用一種輕描淡寫的方式勸我們：「既然改變不了，就隨它去吧。」

回顧過去沒有錯，重點在於應該把焦點放在「接下來該怎麼做」之上，而非一直糾結於罪惡感，不是嗎？如此一來，行動和思維不僅自由度高，且靈活有彈性，也充滿禪意。畢竟「融通無礙」這個詞，本來就源自於禪學。

「放下著」的教誨，不是叫我們否定或遺忘過去，而是提醒我們：坦然接受過去，卻不被過去所束縛，才能真正活在當下。

曹洞宗的開山祖師道元禪師曾說道：「放手，方能擁有更多。」這句話的意思是說，當我們願意放手，反而能得到更多美好的事物。道元禪師或許是想跟弟子傳達：「放下，並非失去；真正的放下，反而能讓我們的心變得更自由、更富足。」

順帶一提，佛陀的弟子阿闍世王，便是體現「放下著」這個教誨的最佳例子。

阿闍世王過去強盜、殺人無數，惡行累累。有天他突然悔悟，決定痛改前非、遁入空門出家。一開始沒有人願意相信他真的痛改前非了，因為過去無法抹滅。然而，阿闍世王沒有因此放棄，他不斷精進修行，最終感動了周圍的人，逐漸獲得眾人的肯定與尊敬。

## 遠離「三毒」，懺悔反省

謹言慎行，避免做出讓自己產生罪惡感的言行，當然非常重要。

佛教認為，一切煩惱的根源都來自於「三毒」。「貪、瞋、痴」這三種煩惱，是人生中必須克服的障礙。

「貪」，指的是貪婪的心。無論擁有多少，依然不滿足；即使得到了，仍舊渴望還要更多、還要更好，欲望永無止境。

「瞋」，指的是憤怒。得不到想要的東西，或他人的行為不符合自己的期望時，便心生憤怒，有時甚至把情緒發洩在別人身上。

「痴」，則是愚昧。指的是缺乏常識與道德，無法做出正確的判斷，對這個世界的真理一無所知。

每個人都受到「三毒」的束縛，而禪修的一大目的便是克服這三種煩惱。為了達成這個目標，受到三毒束縛的修行者應當實踐「六度波羅蜜」（譯註：「波羅蜜」是到彼岸的意思，意即通往彼岸的智慧或修行方法），也就是：布施、持戒、忍辱、精進、禪定與智慧（般若）。

布施，不僅是物質層面施捨錢財或物品助人，更包含了精神層面的布施。向人傳授釋迦牟尼佛的教誨稱為「法施」，給予他人的安慰與鼓勵，則稱為「無畏施」。

持戒，是遵守戒律，例如，佛教中的「五戒」便為一例。「五戒」指的是不殺生戒（不得殺害有生命的眾生）、不偷盜戒（不得偷盜他人財物）、不邪淫戒（不得從事不道德的性行為）、不妄語戒（不得說謊）、不酤酒戒（不得飲酒）。

忍辱，指的是修行忍耐。精進，是持續不懈地修行。禪定，指的是專心一念，去除所有雜想，使精神歸於平靜。智慧，則是在實踐前面五種波羅蜜後，領悟世間真理的力量。

然而對一般人來說，不斷犯下「三毒」之過，幾乎無可避免是人類的宿命。一句無心之言，可能在不知不覺中傷害了他人；甚至在路上行走，都可能無意間把微小的生物給踩死。

三毒之過根本無法完全避免，而且老實說，只要活著，沒有人能完全不犯錯。

即使如此，我們仍然得完成該做的事，人生這條路還是必須繼續走下去，不能讓自己永遠困在罪惡感之中，裹足不前。

因此，佛教有一種公開懺悔、淨化身心的儀式，稱為「略布薩」（誦戒）。這是一種藉由懺悔每天的行為，使身心回歸清淨本然狀態的儀式。主要由僧侶舉行，但一般人也有機會參加。

在這個儀式中，一定會念誦一段「懺悔文」的簡短經文：

我昔所造諸惡業，
皆由無始貪瞋痴，
從身口意之所生，
一切我今皆懺悔。

【譯文】

我過去所造作的一切惡業煩惱，皆是從無始以來，由貪、瞋、痴三毒累積而成的。

這些過錯，皆源於身（行為）、口（言語）、意（心念）的三業。

如今，我皆已深切悔改。

有人或許會覺得：「既然懺悔是一種內心的自省，又何必大費周章地舉行儀式呢？」

正因為是在佛祖面前進行，才更有意義。

請你試著想想看，人活著，內心不得不披上一層層厚重的「鎧甲」。身為公司員工、上司、下屬、父親、母親、丈夫、妻子、老師、學生等，這些身分和社會地位，都讓我們產生執著，認為自己「必須以某種方式生活」。在這樣的狀態下要發自內心反省過去、改變自己，並不是件容易的事。

然而，當站在佛前、雙手合十的時候，自然能洗滌心靈，回到誕生時最純淨的狀態，使內心回歸清淨的本然。這時，人不會撒謊。在佛前的懺悔，是真正的悔改；在佛前的發誓，是真正的誓言。

不過，一般人能夠參與「略布薩」（誦戒）的機會不多。但也無須擔心，最重要的是養成每天自省的習慣。我自己也不時地念誦懺悔文。**每當發覺有反省之處，便在當天結束前立下誓言，發誓一定要改正**。這是一種幫助釋放罪惡感的小習慣。

另一個建議則是，讓自己置身於大自然當中。眺望遼闊的大海，漫步於山林之間，感受萬物的生命氣息，讓身心沉浸其中。在雄壯的大自然面前，貪、瞋、痴三毒，恐怕都顯得微不足道。

# 讓負面情緒「留在腹中」

要遠離罪惡感等煩惱，其中一個好方法就是「呼吸」。舉例來說，你心裡很明白，不該對下屬大吼大叫，但仍無法壓抑心中的怒火。這個時候，該怎麼做才好呢？

這不是只有脾氣暴躁的人才會有的煩惱。就我的觀察來看，跟過去相比，現在易怒的人變多了。然而，我不認為那就是他們的本性。身處公司、學校和家庭等環境，覺得自己必須竭盡全力回應外界期待、拚命努力的人變多了。因此，對自己期許高，反而成了沉重的負擔。當精神無法再承受壓力時，便很容易把自己逼到崩潰的臨界點。

這個時候，可以試著把注意力集中在呼吸上，「深呼吸一口氣」，這就是禪的修行方法之一。什麼都不要想，「呼」地一聲，深深地吐出一口氣。**呼吸，就是先吐後吸。只要能把氣吐乾淨就好，吸氣其實沒有什麼特別的技巧**。

禪學有句話說：「調身、調息、調心。」意思是先調整姿勢（調身），再調整呼吸（調息），內心便會隨之平靜安穩（調心）。

請回想，當你感到焦躁不安、悶悶不樂時，即使在心中跟自己講再多次「冷靜點、冷靜點」，恐怕一點用也沒有，反而還可能變得更加焦慮。呼吸變得費力急促，越想胸口越鬱悶難受。

想用「心」來控制心緒紛亂的情緒，其實是非常困難的一件事。因此，假如想讓紛亂的心平靜下來，可以把注意力轉向身體，效果會相對好很多，而呼吸正是其中的關鍵。

當你的情緒達到臨界點、就快爆發的時候，像剛才說的，先深深吸一口氣，然後「呼～～」地把氣全部都吐出來。

如果學會坐禪中使用「丹田呼吸（腹式呼吸）」，效果會更加顯著。運用丹田呼吸時，必須先調整身體姿勢（調身）。讓骨盆保持端正，把背挺直，維持這個姿勢再開始做腹式呼吸。將意識集中於肚臍下方約七．五公分處的丹田，以每分鐘三到四次的節奏反覆緩慢呼吸後，你應該會發現自己的心情隨著呼吸，逐漸平靜下來了。但如果背部拱起或身體前傾，呼吸就無法到達腹部，反而會停留在胸口，無法轉換成真正的腹式呼吸，這點請務必留意。

當你察覺到自己的三毒就快爆發時，為了不做出後悔的事，一覺得不對勁，就立即做丹田呼吸。

禪學有句話說：**「讓情緒停留在腹部，別讓它湧上頭。」**

當別人的話激起憤怒或悲傷的情緒，讓你心想：「這個人竟然說出這麼過分的話，一定是對我懷抱惡意！絕對不可原諒，一定要讓對方付出代價，否則我嚥不下這口氣！」怒氣突然爆發、一發不可收拾的時候，就是所謂的情緒上頭。

中國有句諺語：「綸言如汗。」意思是話如同汗水，一旦說出口，就無法收回。如果任憑憤怒控制自己，口不擇言地辱罵別人，不僅傷害到人際關係，甚至可能造成難以彌補的裂痕。

如果能讓情緒停留在腹部，也就是淡淡地接受情緒，並放下它，就能避免這類情況發生。

還有一個方法也能幫助你控制情緒。

這是已故前大本山總持寺貫首（住持）的板橋興宗禪師傳授的簡單方法：在心裡默念三次「感恩喔、感恩喔、感恩喔」。不管當下情緒的波動有多麼劇烈，只要調整好呼吸，很快就能恢復平靜。而這句「感恩喔、感恩喔、感恩喔」，就像是神奇的咒語，能幫你爭取時間冷靜下來。

# CHAPTER 2

✦

# 不糾結於過去

# 傷害了別人

## 煩惱：不小心對下屬大聲責罵

部門有個新進員工做事總是不報告、不聯絡，也不懂得事先商量，我一時忍不住大聲斥責了他。雖然我馬上跟對方道歉，對方也沒有把這件事視為「職場霸凌」，但似乎還是嚇到了，變得有點畏畏縮縮。我現在非常後悔，覺得那不是身為上司應有的態度。

不只是進度回報速度慢，對資深前輩來說，經驗尚淺的新進員工的不足之處，在眼中顯得格外刺眼。當下馬上道歉這點做得非常好，也非常重要。

即使如此，你仍然讓下屬變得有些畏縮，這不是因為指導內容所致，而是「被上司大聲斥責」，這件事讓他產生了恐懼感。

相信你一定希望自己能冷靜地選擇適當的詞彙來指導下屬。然而，假如工作進度不順利，可能會影響到客戶，甚至連帶影響身為上司的你的評價。在這種狀況下，內心動搖完全可以理解。因此第一步，請正視並坦然接受自己的情緒。

既然你都已經道歉了，接下來更重要的課題是「如何改變自己」。你之所以會忍不住情緒化地斥責下屬，是不是因為對他的期望太高了呢？請別忘了，即使你很優秀，也不可以把自己的標準強加到他人身上。

因為每個人的能力不同，即使是同樣的工作，不同人處理起來的速度也不盡相同。工作步調也不同，這也正是人們為何要組成團隊、彼此相互合作的原因所在。講難聽點，就算這個世界上有十個你，工作也不會因此變得輕鬆十倍。這就像如果一支棒球隊的所有隊員都是第四棒打者，也很難取得勝利是一樣的道理。正因為不同個性與能力的人聚在一起，截長補短、互相合作，團隊的潛力才得以獲得最大發揮。

所以，身為上司最重要的職責，就是以團隊領導者的身分，去理解並評價每位成員的特質，讓他們得以發揮所長、創造出最大的利益。即使是報告、聯絡、商量這類工作的基本功，新進員工之間的學習速度也不一樣。

這些道理雖然你都懂，但仍然可能會遇到無法控制情緒的時候，負面情緒湧上心頭，滿到快溢出來。

這時，請你記住這句禪語：

**「春色無高下，花枝自短長。」**

即使春天的陽光普照，綻放著花朵的樹枝仍有長短之分。較長的枝幹吸收較多的陽光，因此較早綻放花朵；而那些較短的枝幹，則可能因為被較長的樹枝遮擋到陽光，較晚綻放。但無論是長樹枝還是短樹枝，它們都在自己的位置上努力綻放出燦爛美麗的花朵。也因為長短不一的樹枝，使整棵樹顯得更有層次，展現出迷人的生命光采。

職場上也是同樣的道理，有些人像長樹枝般迅速吸收知識並發揮能力，有些人則像短樹枝需要更多時間。如何讓不同類型的人截長補短，發揮團隊的力量，正是團隊經營的奧妙之處。

舉個例子，假設職場上有兩位員工：A員工工作效率高，一小時內可以完成十項任務，但可能會產生三個錯誤。B員工做事謹慎，一小時內只能完成五項工作，但錯誤率極低。

在這種情況下，要評斷誰比較優秀，並不是件容易的事。因為衡量工作能力的標準，不只有速度和正確性而已。而且，站在客戶的角度來看，快速且零錯誤的工作才是最理想的，不是嗎？

這個時候，身為上司，你或許可以這樣分配工作：主要的作業交給A員工執行，讓B員工進行確認和修正的工作。或是讓B員工全權負責，但是將專案的時程設定得長一點、有餘裕一些，也不失為一種好辦法。

與其用簡單的二分法，例如：「A速度快＝好」、「B速度慢＝不好」，或是「A錯誤多＝不好」、「B正確度高＝好」來評斷人，不如試著將兩者的優缺點截長補短，想必一定能讓他們發揮所長。

若上司能夠掌握如何善用下屬的特點，自然也不會再那麼煩躁了。面對下屬，不要抱著過度的期待，學會就事論事，接受每個人各有所長、各有優缺點：「雖然這位員工回報的速度總是比較慢，但是他在其他方面徹底發揮了實力、創造出價值。」如此一來，相信你一定能用更輕鬆的心態面對擁有不同特質的員工。

想讓不同個性的人組合在一起，讓他們發揮所長，關鍵就在於**不過度執著「絕對的平等」**。

有句禪語說道：**「平等即不平等。」**意思是表面上看起來平等，有時反而會造成真正的不平等。每個人的長處和短處不盡相同，如果硬是讓所有人承擔同等的工作，反而可能剝奪了大部分人發揮實力的機會，這樣是不公平的。重點在於，讓每個人都能發揮優勢，不擅長的事情則不必強求。

禪學提倡「活出真實的自己」，因為每個人都是獨一無二、無可取代的存在。正如道元禪師傳授的教誨：「如實接受自己原本最真實的模樣，如此一來，便能活得寧靜自在、心無紛擾。」

要讓每個人都能發揮所長，需要適人適所地安排工作、適當地給予鼓勵，以及依據其能力和表現，恰如其分地稱讚對方。這並不是容易的事，但正因為不容易，才更能展現上司的能力。能力不足的部下，越能磨練上司、讓人有所成長。

別擔心，下屬的花期尚未到來，而你自己的花期也還在前方等著你。不必焦急，跟下屬一起成長吧。

**禪思考**

上司的工作就是要把不同個性的員工組合在一起，讓他們發揮所長。為了達到這個目標，有時「不平等」反而是必要的手段。試著欣賞每個人的不同之處，下屬和你總會迎來綻放的時刻。

## 煩惱：對朋友口出惡言

我對朋友說了不該說的話。本來當下應該要馬上道歉的，卻想東想西藉口一堆，拖延到時間而未能開口道歉，結果使關係變得疏遠。

我也曾有過這樣的經驗：情緒像燒開的熱水壺般沸騰，不小心說出不該說的話，對方也不甘示弱，雙方針鋒相對，最後演變成激烈的爭吵。等事後冷靜下來，才抱頭懊悔：「慘了，我又說錯話了……」年輕時這種事情發生過無數次。

俗話說「覆水難收」，一旦說出口的話，就再也收不回來了。很遺憾的，這裡沒有「這樣做一定能修復友誼」的祕笈。不過，無論對方是否願意原諒，假如你仍然珍惜這段友情，有件事必須立即去做。

就是誠心誠意向對方道歉，沒有別的了。該道歉的事情，就好好道歉。即使已經過了好幾年，也是如此。

當然，最理想的做法是當下立即道歉。

**道歉就跟食物一樣，有所謂的「賞味期限」與「保存期限」**。如果在事情發生的當下馬上道歉，對方可能會感受到你的誠意而接受，事情也許就此圓滿解決。但如果遲遲不肯道歉，反而不斷找藉口：「道歉就輸了。」、「我一點也沒有錯。」結果拖了好長一段時間才去跟人道歉，對方可能會覺得：「現在才來說這些？到底想幹麼？」假如那位朋友對你來說非常重要，你卻因為傷害對方而充滿罪惡感，在感到後悔的當下，就應該立刻向對方道歉。當下一句：「抱歉，我說得太過分了。」對方或許願意接受，回應你：「嗯，我也有不對的地方。」事情便能圓滿落幕。

然而，過去是過去，現在是現在，不牽掛過去，也不憂慮未來。

當你逃避此時此刻當下該做的事，內心便無法獲得平靜。

「過，則勿憚改。」（有過錯，不要害怕改正。）

「過而不改，是謂過矣。」（知錯不改，才是真正的錯誤。）

這些話出自於《論語》，提醒我們：每個人都會犯錯，察覺自己犯錯時，不要猶豫，勇敢地去改正。因為真正的過錯，不是犯錯本身，而是明知錯了，卻遲遲不願改正。

你該做的，就只有一件事情：誠心道歉。

而且最好是當面向對方道歉。

當你跟對方面對面，低下頭來、誠心表達歉意，對方也能感受到你的誠意。

尤其現在絕大部分的溝通都透過網路進行的年代，「特地去見對方」這件事，本身就具有非常大的意義。如果只是透過電子郵件或訊息道歉，用字遣詞再怎麼謙卑誠懇，也很可能讓人起疑心：「他是認真的嗎？該不會在背地裡嘲笑我吧？」別人這樣懷疑一點也不奇怪。

就算你覺得自己很沒用、很丟臉，也不能逃避不面對。讓對方看見你設身處地為他著想，這也是一種真誠的表現。不需要華麗詞藻的堆疊，只需要做好心理準備，承擔對方可能的責難，親自到面前，**展現「道歉的心」，而不是「道歉的話」。親自道歉，這件事情本身便意義重大**。

即使你這麼做了，對方也未必會原諒你。人生沒那麼簡單，不是只要道歉，就一定能獲得原諒。在線上互丟訊息時，對方或許會回你：「都已經是過去的事情了。」、「我沒那麼在意啦。」但如果真正跟對方面對面，你或許會從對方的語氣或表情中察覺到「他恐怕永遠無法原諒我」。那一瞬間，你也許會懊悔：「要是早一點跟對方道歉就好了……」

儘管如此，「你做了該做的事」這一點是不會改變的。如果最終彼此斷絕了往來，那也只能說緣分就是如此。當你走到這一步，心中的罪惡感應該少了一些，也確實緩和了下來。因為特地去見對方，本身就很有意義。

**禪思考**

如果那個人對你來說真的很重要，現在開口也不遲，親自向對方道歉吧。不要逃到線上，親自去找對方，當面親口道歉。你要傳達的不是道歉的話語，而是你的誠意——道歉的心。即使這樣也無法挽回，就學著放下吧。

## 煩惱：夫妻兩人在孩子面前吵架

我們在孩子面前起了爭執，讓孩子感到害怕不安。我非常後悔，這不是父母親應該有的榜樣。

雖然夫妻吵架或家庭不和，不一定會對孩子造成直接的傷害，但大多數的父母都會擔心惡劣的家庭氣氛會間接影響到孩子。尤其是平常一再告誡孩子吵架是不對的，在孩子面前起爭執，恐怕很難讓孩子信服。

但同時，我們也應該坦然接受這個事實：兩個人長期生活在一起，要完全不吵架幾乎是不可能的事。當然，努力避免爭吵是基本大原則，如果還是不小心讓孩子看到爸媽吵架，我認為有比刻意掩飾更重要的事情。

吵架本身確實不是好事，但我們也無法否認，人生路上總會遇到不可避免的衝突。感情再好的夫妻，也可能會發生爭執，重點在於爭執過後該怎麼和好。

你能不能換個角度思考呢？教導孩子人生真實與智慧的，正是身為父母親的你。

無論是家人還是朋友，人與人之間無法百分之百理解彼此，這個道理大人很清楚明白，但孩子還在學習中。如果孩子親眼目睹爸媽爭吵，或許會感到震驚。我相信你不會這麼做，但如果夫妻在孩子面前爆發肢體衝突，就算一種「目睹型家暴」，是會造成孩子心理創傷的兒童虐待。

因此，想要減輕孩子受到的衝擊，父母向孩子說明時不能只停留在「吵架是不對的」這句話上。應該進一步說明：為什麼明知不該吵架，卻還是發生了爭吵？吵完架之後，是怎麼和好的？有沒有什麼方法能避免這場爭吵？透過這些說明向孩子說明吵架之後應該怎麼做，才是最重要的。

有句禪語叫做**「面授」**，意思是：真正重要的教誨，必須師徒面對面、由師父親自傳授。

現代社會面授的機會正逐漸消失。尤其在新冠疫情之後，線上會議系統的普及，使得溝通效率大幅躍進。然而，想確實傳達重要的事情時，有許多唯有身處同一空間，才有辦法察覺的關鍵細節，例如當下的氣氛、對方的神情、語氣等，都必須考量進去。

父母傳遞價值觀給孩子時，也不是單靠一句「吵架是不對的」就能做到。**讓孩子親眼看見爸媽從吵架到和好的過程，對他們來說反而是一種更有價值的學習過程。**

希望你還能記住一個詞，這個概念叫做「熏習」。

古時候人們把和服收到衣櫃時，會連同防蟲香一起收納，這麼做能讓衣物自然吸附香氣。

這個概念也可以套用在人際關係上。長時間與某人相處，對方的言行舉止與思考模式，會在不知不覺中滲入你的心中。尤其是生活在同一屋簷下的親子，更是如此。在大部分的情況下，孩子往往會模仿父母說話的用字遣詞、採取同樣的思考和行動模式。

當然，熏習會帶來正面和反面的影響。

長期待在散發芳香的父母身邊，孩子自然也會染上一身芬芳；然而待在散發惡臭的父母身邊，孩子身上也會沾染那樣的臭味。對父母來說，後者的情況無論如何都該想辦法避免。順帶一提，這個道理也可以套用在「擇師」上頭。禪的教誨與智慧強調，想好好學習一項技藝，最重要的就是長時間待在真正登峰造極之人的身邊。同樣的道理，擇師一定要選擇一流的老師。因為跟著二流、三流的人學習，終究只能成為二流、三流的人才。

沒能成為不吵架的大人典範，身為父母或許會感到有些遺憾，但如果你展現了「即使吵架也能和好」的大人風範，就不必懊悔了。而且，**與其成為不吵架的大人，不如成為懂得如何修復關係、懂得如何和好的大人**，這樣的人比較成熟，不是嗎？

你想將什麼樣的「香氣」熏染給孩子呢？

**禪思考**

重點在於「吵架之後」。展現就算吵了架，也能好好和解的大人風範，正是父母的責任所在。

## 煩惱：忍不住對孩子大吼大叫

我很清楚這樣做是不對的，卻還是常常忍不住對孩子大發雷霆。明知對孩子大吼大叫無助於解決問題，仍然一再重蹈覆轍。

在怒吼下長大的孩子，會覺得自己不被愛、自信心低落、容易變得畏縮膽小、過度在意他人的臉色，甚至將來也可能成為一個靠大聲說話來控制他人的大人……不可以對孩子大吼大叫的理由，多得數都數不清。

然而，讓人想對孩子大吼大叫的理由，恐怕也可以列出一長串。明明提醒了好幾次，卻還是犯下同樣的錯、故意做父母討厭的事、不讀書、拖拖拉拉不洗澡、不好好吃飯挑食、說好要做功課卻賴皮不寫……如果能夠痛快地大吼一場，把情緒全都發洩出來該有多好。

儘管如此，世上沒有任何一位父母是想對孩子大吼大叫的，也沒有人是真心想傷害孩子的。正因如此，我們更應該思考：我們能做些什麼？

首先，我希望各位理解，**「憤怒」這個情緒本身並不是罪過**。不只是憤怒，喜怒哀樂這些情感是我們與生俱來的本能，沒有人能完全壓抑。喜怒哀樂，換句話說也是我們的人性所在。一味地追求情緒的冷靜平穩，強迫自己壓抑喜怒哀樂，反而可能會因此失去活著的真實感受。

身為父母，無論旁人怎麼想，都有責任將社會的規範、危險的行為界線，清楚地傳遞給孩子。

因此，我們真正需要學習的，是如何拿捏情緒的分寸，以及尋找不必靠怒吼也能有效溝通的表達方式。

總是在生氣當然不是好事，但是在必要的時刻適度地表達憤怒，對父母來說仍舊很重要。既然如此，與其暴力或情緒化地大發雷霆，不如**用溫柔且堅定的語言來「斥責」**。

「咆哮」只是父母在發洩情緒，孩子被大吼大叫後往往只記得自己被罵了，卻不明白為什麼被罵。相反的，「斥責」必須清楚明白自己想傳達什麼。期望孩子成長，身為父母真正要傳遞的訊息應該是：「為什麼這樣做是不對的？」、「原本應該要怎麼做？」如果能從這樣的立場出發，嘗試讓孩子理解你的想法，說話的語氣自然就會變得溫和且充滿力量。

只不過，在情緒已經湧上來的情況下，想要用溫和的語氣來斥責孩子，恐怕很難做得到。

當你覺得自己的情緒快要爆發、很想大聲怒吼時，不妨利用丹田呼吸來平穩情緒，或是先暫時離開一下，跟孩子保持點距離，也是一種好方法。即使來不及冷靜，還是不小心吼了孩子，也請在情緒平復之後，誠懇地對孩子說：「剛剛我講話太大聲了，你嚇到了吧？對不起。」世上沒有完美的父母，讓孩子看見你想和他一起成長的誠意，這正是所謂「教養孩子，也是在教養自己」這句話真正的意涵。

除此之外，平時的累積和身教也相當重要。

禪學中有句話叫做「行住坐臥」，意思是走路、停下、坐下、躺下等生活中的一舉一動，全部都是修行。換句話說，想要有一顆平穩寧靜的心，就得好好過日子，從日常生活中的細節做起。舉例來說，當你想對孩子說明一件事時，如果因為覺得麻煩，只想草草帶過重點，語氣和舉止可能會因此變得粗魯隨便。儘管你沒有生氣，孩子很有可能會覺得「我挨罵了」。

那樣不是好的斥責練習。想讓孩子面對父母的責備時，能真正理解「為什麼不可以那樣做」、「應該怎麼做才行」，必須在日常對話中養成耐心解釋事由與背景的習慣。

請切記，斥責孩子不需要說出任何會傷人的話語。

禪語有句話說：「和顏愛語。」神情和悅、語調溫柔，你想表達的東西，才能確實地傳達給孩子。

**禪思考**

行住坐臥，生活中的每分每刻、一舉一動，都是禪的修行。言教不如身教，從日常的言行舉止和待人接物的態度做起，反覆練習「斥責」，而不是讓生氣停留在情緒化的「咆哮」。

## 煩惱：自己曾經是霸凌者，使教養變得格外辛苦

小時候我曾經排擠過同班同學，是霸凌的加害人。成為父母之後，讓我深刻體會到霸凌是多麼殘酷的行為。現在我經常對孩子說：「霸凌是不對的。」但每次說出口，我的內心都會深受罪惡感所折磨。

老實說，罪惡感會不會一直束縛著你，取決於你是否願意省思當時的過錯並汲取教訓，讓罪惡感成為成長的養分，避免重蹈覆轍。

你的煩惱是：「對曾經霸凌同學的自己感到羞愧和悔恨。」就算現在想主動道歉，對方也不一定願意接受。因為被害者所承受的痛苦，往往比加害人的懊悔與自責要來得沉重。即使霸凌的情況早已結束，被害者的心理創傷仍可能尚未癒合。有些人在過了很多年後，遭

受霸凌的記憶依然歷歷在目，甚至持續對升學、求職造成負面影響。

對被害者而言，霸凌事件可能「還沒有結束」。你選擇道歉或許是出於誠意，但你的行為可能會再次觸碰對方的傷口，造成二次傷害。如果對方回應：「不管你道歉多少次，我都不會原諒你。」也是情有可原。

這裡我們要思考的重點是：你從這段經驗中學到了什麼？你曾經霸凌過他人的事實無法改變，但可以從中學習與成長。

當年對人惡言惡語、故意冷落他人、把別人的東西藏起來時，你有什麼感受？當時你的內心是怎麼想的？或許你只是為了迎合周遭朋友，也或許你其實不想傷害任何人，只是不想成為下一個被霸凌的對象。

為什麼你現在感到後悔了？是什麼樣的契機讓你意識到自己做錯事了？

為什麼你會犯下這種錯呢？這個問題值得往下深究。這樣做，想必對霸凌的認識與詮釋會變得截然不同。

「無論基於何種理由，霸凌都是不應該的行為，是一種嚴重的人權侵害，會對他人的人生帶來非常大的負面影響。」這個重要的基本觀念，當然要由父母傳達給孩子了解。

更重要的是，你能否用自己的話，向孩子說明這個道理？

不要成為霸凌事件的當事人，是最理想的情況。然而，想是這樣想，有些大人在年少時也曾經是加害人。長大成人後，回想起來內心滿是懊悔。想要道歉，卻早已無法挽回；想彌補，卻不知從何做起。

正因如此，曾經身為加害人的你若能從自己的經驗出發，向孩子傳遞霸凌是不對的，話語所蘊含的力量，就能觸動孩子的心。即使身處資訊爆炸的時代，這也不是網路上查一查就能找到的經驗和知識。

有句禪語說：「冷暖自知。」一杯水是冷還是熱，沒喝過你不會知道。許多事情唯有親身經歷過，才有辦法真實體會。因此，**身為加**

**害人所感受的苦惱與懊悔，也是人生經驗的一部分，是你應該分享的經驗。**

如果你想教導孩子霸凌是不對的，總有一天，也該坦然分享自己曾犯下的錯，以及你希望孩子不要重蹈覆轍的心情，將這個經驗和悔意開誠布公地傳達出去。

誠實說出自己曾經犯下的錯，也能讓孩子明白父母並不完美。做父母的，總是不自覺地想在孩子面前扮演完美無缺的存在，然而，面對完美無缺的父母，孩子恐怕很難展現內心脆弱的一面，並說出「我做錯事了」。再者，如果父母表現出「我這輩子從來沒犯過錯」的樣子，那樣的人生態度，也會讓人感到壓抑又不自然。

孩子總有一天會長大，開始有各式各樣的煩惱。那個時候，面對孩子的痛苦也能感同身受地表達：「你一定很苦惱吧，謝謝你願意告訴我。」能說出這句話的，是完美的父母？還是不完美的父母呢？

身為父母，我們心中或許都有許多理想：「應該這樣做」、「應該做到那樣」、「絕對不能那樣做」，但是在某些時刻，我們得把這些「應該」擱置一旁，仔細傾聽孩子的話。能做到這樣的，是完美的父母？還是不完美的父母呢？

「在我感到痛苦的時候，他們一定會陪在我身邊。」對孩子而言，能讓他們感到安心、願意依靠的，是哪一種父母呢？

請別忘記，你擁有讓所愛之人幸福的能力，千萬別忘了這一點。

**禪思考**

加害人，也是霸凌事件的「當事人」。當事人說出曾經歷過的事情，是有其價值和意義的。

## 煩惱：外遇被發現

我一時糊塗，做了對不起另一半的事。我跟另一半保證絕對不再犯同樣的錯，對方也願意原諒我，但我每天都在看對方的臉色過生活，日子過得小心翼翼、戰戰兢兢。

「一時糊塗」，聽起來外遇就像是偶發、只發生一次的錯誤。但真的是這樣嗎？

就像是一種天生的習性，有些人會不斷重複犯下同樣的錯誤。以外遇為例，一旦曾經有過一次外遇，就很容易被貼上「這個人會再犯」的標籤，社會上甚至有個詞叫「外遇慣犯」。這個時候，就不能再用「一時衝動」這類言語輕描淡寫帶過了。你不但會失去伴侶的信賴，甚至會被社會視為不值得信任的人。

而那些理直氣壯地說出：「外遇怎麼了？有什麼不對的？這就是我的人生哲學啊。」說這種話的人，幾乎無藥可救。無論是偷竊、傷害或詐欺他人，假如錯誤一犯再犯、且毫無內疚之心，要真正悔改恐怕是非常困難的事。

心中還存有一絲良心，真心希望改變自己的人，還有救贖的可能性。

佛教中，這個救贖稱為「生前受戒」（安名授予）。佛教相信，即使過去曾經犯錯，只要真心悔改，依然能過清淨純潔的生活。為此，需要的是「懺悔」。

懺悔，是在佛前承認自己犯下的過錯，並真誠地懇求寬恕與原諒。說到懺悔，大部分的人馬上會聯想到基督教，但其實懺悔這個概念源自於佛教。在佛教裡，懺悔的儀式叫「懺悔滅罪」。懺悔人在佛祖面前坦承自己的過錯，真誠地懺悔，並且行五體投地禮（雙手、雙膝和額頭五體貼地進行禮拜，以表達對佛祖最高的敬意）。

一般人也有機會參與懺悔滅罪的儀式，就是在生前接受戒名的時候。現在一般都是在往生後才獲得戒名，但其實戒名原本應該在生前被授予，稱為「生前受戒」。

為什麼要生前受戒、取法號呢？藉由這個機緣，人們能重新審視自己的一生，下定決心：從今以後，我要作為佛陀的弟子，遵守佛法戒律來過生活。尤其隨著年紀漸長，意識到死亡這件事情時，人們會開始煩惱要怎麼度過餘生，渴望得到心靈的寄託與依靠。

現在仍然有許多人會主動前來找我進行生前受戒。我每年大約會接十件左右的委託，委託人多半是在退休或喪偶等想為人生畫下一個小段落、展開人生新頁的時候前來。

而在接受戒名之前，必須先滅除過往的罪業，淨化內心，這正是實施懺悔滅罪的意義所在。

較年輕的朋友大多沒聽過生前懺悔、接受戒名的風俗習慣。但我認為，這是一個讓犯錯的人悔改、活出新人生的寶貴機會，值得讓更多人知道。如果真心希望悔過自新，誠摯地推薦你考慮生前受戒。

有些人或許會覺得還活著就取戒名，不太吉利吧？但實際上，接受安名授予的人，在儀式結束後，臉上往往會浮現出舒坦和清爽的表情。想必他們在面對自己的過錯後，踏著輕盈的腳步，往嶄新的人生方向前進了吧。

安名授予不僅是一個儀式，更是在佛祖面前立下誓言：從此以後，要遵循佛陀的教誨，遵守十項戒律來生活。這些戒律不只是單純的規範或限制，而是幫助我們好好過日子的指引。例如，佛教中的「十重禁戒」，就是代表性的戒律。即使不出家，只要在生活中努力守戒，就等同於在修行、實踐佛法。

**第一：不殺生戒——不做無謂的殺生。**

意即不殺害任何有生命的存在。禪修時以蔬食為主的精進料理為食，正是出於這條戒律。不過，一般人在生活中無須刻意吃素，重要的是對生命的敬意與感恩的心。吃飯時合掌說一聲「我開動了」，不浪費食物，就是對生命最基本的尊重，已經足夠。

**第二：不偷盜戒——懷抱高潔之心，不竊取他人的所有物。**

不只是物品，包含別人發想的點子、創意或內容，如果心存僥倖覺得「反正不會被發現」而竊用，也是一種偷盜行為。當你感到有一絲心虛時，請不要忽視它。

**第三：不邪淫戒——守住清白潔淨之心，不為邪念所動。**

不可做出劈腿、外遇等不正當的行為。此外，凡帶有邪惡意味的言行舉止，也都應該離得遠遠的。

**第四：不妄語戒——不說謊，不捏造事實。**

「說點小謊應該無妨吧？」這樣的想法，往往是走偏的開始。一旦說謊了，就必須再說一個謊來圓，謊話越說越多、越說越大，總有一天會被揭穿。

**第五：不酤酒戒——不沉溺於酒精。**

其實問題不在於酒，而是飲酒過量，失去理智，無法控制自己的行為，導致失態。因此定下飲酒規則，例如：「一天只能喝一瓶啤酒」、「晚上小酌不可超過一個小時」等，戴上「金箍」，管理容易掉以輕心的自己。

**第六：不說過戒——見人犯錯不可見獵心喜、窮追猛打。**

我們總是習慣性地忽略自己的錯誤，看到別人犯錯卻窮追猛打不放過。但沒有人是完全不犯錯的，若總是對犯錯的人落井下石、窮追猛打，終有一天會自食其果。因果報應是世間的常理。

**第七：不自讚毀他戒——不自誇，不貶低他人。**

做人要隨時保持謙虛。不需要比較，沒有誰比誰優越，因為每個人都是獨一無二的生命。

**第八：不慳惜財法戒——不吝施予，不吝分享。**

不吝給予他人協助。因為對別人好，就是對自己好。無論是金錢還是時間，願意給予的人，最終都會得到更多。

**第九：不瞋恚戒——不讓憤怒控制自己，而迷失自我**。

人有喜怒哀樂，有時難免感到憤怒。但重要的是，不被憤怒沖昏頭。用丹田呼吸，使內心回復平靜。

**第十：不謗三寶戒——不毀謗佛、法、僧三寶**。

要好好珍惜釋迦牟尼佛、佛陀的教誨，以及傳授佛法的僧侶。

發誓遵守這些戒律，正是審視一路走來的自己，立下活出不一樣人生的誓言。若能持續遵守戒律，想必你和家人，以及周遭他人的關係，會越來越和諧平穩。

**禪思考**

若你真心悔改，就請發誓，從今以後遵守戒律來生活。而「生前受戒」（安名授予），能幫助你立下誓言。

## 煩惱：對過去的判斷後悔不已

家人過世已經好幾年了。我的心中常常感到遺憾，對自己當初所做的決定非常後悔。例如：「如果當時早點勸他去看醫生，或許還有救」、「也許選擇其他治療方式會更好」等。

我相信，你當時已經竭盡所能，能做的都做了。

「如果我當時能更強硬一點，堅持要求家人去看醫生，他現在或許還活著也說不定。」不少人心中抱持著類似的遺憾，遲遲無法釋懷。但是聆聽了這麼多人的心聲後，我深深體悟到，面對生死問題時，我們能做的其實非常有限。

例如，我經常聽到檀家信徒說這樣的話：「家人生前非常討厭上醫院看病。」因此堅持已見、拖延就醫，結果使病情惡化，錯失黃金治療期的例子屢見不鮮。「沒關係啦，很快就會好的。」、「我年輕的時候有練過身體，命很硬、撐得住，沒問題的。」雖然要不要就醫是個人的自由，但如果考量到可能因此錯過黃金治療期，就不能一味地尊重對方的意願。即使如此，現實狀況中要強行帶一個成年人去就醫，並不是件容易的事。

這麼想的話，能在職場上定期接受健康檢查，真的是一件非常值得感恩的事。有定期健檢習慣的人，往往能及早發現重大疾病、早期治療，身體與經濟的負擔也都相對比較輕。如果什麼病都沒查出來，當然最好。

然而，現實往往事與願違。即使做了健檢，也有可能漏診或誤診；即使帶家人去看了醫生，也可能會遇到別的問題。比方說醫師提出的治療方案，未必符合家屬的期待，這也會帶來新的煩惱。任何決定，都伴隨著風險。

但我相信，無論做什麼樣的決定，經歷什麼樣的過程，我們心中或多或少都還是會留下遺憾：「如果當時那樣做，他或許能活久一點。」、「如果那樣做，也許能沒有遺憾地陪他走完最後一程。」現在回想起來，或許你會發現很多可以改善的地方，「當時如果那樣做會更好」。回顧當下的自己，假如能覺得「我已經盡力了」，是一件很幸運的事。不過，那樣的人極為少數。

**你用自己的方式竭盡一切、反覆思量後，才做出那樣的決定。光是這一點，就足以說明你已經做了最大的努力。**即使最後的結果不如預期，只要在有限的情況下，全力以赴地活著，就已經足夠了。

這正是「不負此生」的意義所在。

在禪的思想當中，有個概念叫「定命」。意思是一個人壽命的長短，從出生的那一刻起就已經命中注定。如果是這樣，那麼即使年紀輕輕就因病離世，或因為意外而早逝的人，也都是走完了屬於自己的生命歷程。就完成人生旅程這件事情而言，生命價值沒有高低，都是平等的。

生死有命，我常常用蠟燭來比喻人的定命。人的頭上都點著一根蠟燭，有的蠟燭能順利燃燒到最後，有的則可能半途被風吹熄。無論是燃燒到最後，還是中途熄滅，都是命中注定。

沒有人能夠改變命運的安排。**若你心中懷著對故人的愛，就要相信無論他的人生怎麼度過，都已經走完屬於他的一生了。**

**禪思考**

請相信自己，當時的你已經做了最好的選擇。人的壽命，從出生那一刻起就已經注定。無論是長還是短，只要曾經全力以赴地活過，此生便圓滿，沒有白走一趟。

## 煩惱：在化解心結前，父母早一步離開人世

我和父母吵架，傷了他們的心。之後，還來不及和好，父母就離世了，這份心情不知道該何去何從。我常常在想：「為什麼那時候沒能多聊聊，把話講開呢？」

曾經有位女士對我說過這樣的故事。她跟父親生前關係不太好，但父親驟然離世之後，從親戚那裡得知，原來父親一直很愛她，對她寄予厚望。她說：「回頭想想，我的個性其實跟父親很像。正因為如此，父親對我充滿期待，而我也正因為看到自己像極了父親，所以才感到排斥。」

親子之間正因為相像，所以相親相愛；但也因為太像了，有時也會產生厭惡和不滿。比方說，明明覺得對方彷彿自己的分身，對方卻

不願依自己希望的方式行動時，就容易產生反感。親子關係即是如此複雜。有時生離死別，反而成了讓這段關係重新來過的契機。

「他生前我們總是吵架吵個不停，但他走了之後，不好的記憶都消失了，只剩下美好的回憶。他真的是個好人，他不在了，我真的非常想念他。」我經常從信眾那裡聽到類似的經驗。也許，正因為知道這個人已經離世、再也見不到面了，我們才得以冷靜下來，重新審視彼此的關係。

你之所以感到特別遺憾，也許是因為生離死別來得太突然。即使我們平時與家人各過各的生活，內心多多少少會有所期待，「希望能在父母臨終時，見上最後一面」、「希望孩子能陪伴自己走完最後一程」。現實生活中，大部分的人都不是在家裡，而是在醫院離開人世，是否有機會一起走最後那段路、有無敞開心胸促膝長談，都會影響我們對這段「送別」經驗的看法和接受度。

那是一種**精神上的繼承**。這裡所說的「繼承」，不只是金錢或房產這些有形的東西，還包含那個人走過的人生道路，以及從中學到的智慧與經驗，傳承給下一個世代。

當父母與孩子生活在一起，精神的繼承就會透過日常生活傳承下去。

父母走了之後，你之所以感到難以釋懷、後悔，或許正是因為精神繼承的時間太過短暫所致。

然而，只要心中保有對故人的回憶，仍有救贖的可能。

自古以來，便有「與故人對話」的習慣。即使肉體已經消失，故人化為靈魂後，我們依然能感受到其存在，並試著讓他們持續活在我們心裡。例如掃墓，清洗墓碑，供奉鮮花和清水，點香後，靜靜地雙手合十。我們在心中總會忍不住跟故人說話：

「最近發生了這樣的事情呢。」

「爸，你那個時候是怎麼想的？」

「媽，妳當初希望我怎麼做呢？」

即使知道故人不會有任何回應，還是有好多話想對他說。

與故人對話不僅可以療癒親人離世的哀傷，更是重新梳理人生、尋找新方向的重要時刻，也可以說是我們從故人那裡繼承精神的寶貴時間。

佛壇原本的用途正是如此。近年來，家中置有佛壇的家庭越來越少，這意味著與故人對話的場域也正在慢慢消失。對留下來的人來說，等同於思念的情緒失去了安放的位置。因此，我希望大家能好好珍惜追憶故人的場域。現在也有許多精巧、可放置於客廳的小型佛壇，即使只是供奉一個簡單的牌位，也能讓你感受到故人依舊陪在身旁。

請在佛壇前，雙手合十，持續與故人對話。

**禪思考**

即使家人離世了，「精神的繼承」仍然可以持續進行。請留一點時間，與故人好好說話吧。無論是掃墓，還是在佛壇前雙手合十，這些行為都能為留下的人帶來內心的平靜，繼續往前走下去。

## 煩惱：照護年邁父母讓我身心俱疲，因而傷害了他們

我在家照顧年邁的父母。雖然雙親失能等級還很低，但隨著能力的退化，我跟父母親之間的摩擦與衝突不斷增加。我當然想好好照顧父母，但有時一想到「我為了你們，已經付出這麼多了」，就忍不住說出傷人的話。

俗話說：「不要責罵孩子，那是你曾經走過的路；不要嘲笑老人，那是你未來要走的路。」孩子的調皮搗蛋，不該一味地責備，因為我們自己也曾經這樣走過。同樣的，我們也不該取笑長輩健忘或行動不便的樣子，因為有一天我們也會跟他們一樣老去。如果能這樣想，我們的言行舉止或許會變得更加體貼、更有同理心。

然而，知易行難，道理說起來容易，實際做起來卻困難重重。

照護父母、夫妻之間的老老照顧等，照護的形式百百種，每個人的處境也都不盡相同，沒有一個「這樣做準沒錯」的標準答案。

報導經常寫道有人為了照顧家人而辭職，甚至引發憂鬱症，每當我看到這麼多人為了照護家人而犧牲自己，不禁心生敬畏，相信不只我有這樣的感覺。失能等級低，並不代表照護起來就比較輕鬆。我相信你已經做得很好、而且做得非常多，甚至是太多了。照護家人為你的身心所帶來的壓力，恐怕遠遠超乎你的想像。

首先我想說的是，請盡一切可能使用你能夠取得的照護資源。

但是在那之前，還有一件更重要的事情，那就是請先好好照顧總是忙於照護父母的自己。

現在的你已經精疲力盡，必須好好面對這個事實。無論你有多愛家人、多麼重視對方，當身心失去餘裕時，就很難掌控好情緒。說出傷人的話時，立即道歉當然很重要，但請別忘了，你也需要好好照顧自己。

一兩分鐘也好，請安排一點時間給自己，讓自己從照護中獲得解脫。

當你覺得自己快要口出惡言，即使只是短暫的時間，請停下腳步冷靜一下。如果情況允許的話，與父母拉開物理上的距離更好。與其開口傷人，不如選擇沉默、趕緊離開現場。如果連這麼點屬於自己的時間也沒有，請打開窗戶，讓外頭新鮮的空氣進來，然後深呼吸。人在煩躁不安時，呼吸通常既急促又淺短。當你專心用丹田呼吸，讓空氣從胸口往腹部降下去，便能讓心情平靜下來。

如果你抓不到丹田呼吸的訣竅，或者情緒已經激動到無法冷靜下來，抬頭仰望天空也行。

**你有多久沒有抬頭看看天空了呢？**

現代人盯著電腦或手機看的時間很長，很少有機會抬頭仰望天空。長期下來，容易讓心靈越來越封閉。

有些人或許會感到懷疑：「抬頭仰望天空真的有用嗎？」你就當作被騙，相信我這一次，抬頭看看天空吧。當你仰望遼闊無際的天空時，相信蔚藍的天空能替你拂拭內心沉積已久的塵埃。那些「早知道該那樣做」、「我為什麼沒那樣做」的懊悔，也會漸漸淡去，能讓你對自己說：「過去的事情已經無法改變，好好把握現在，努力活在當下吧。」

有句禪語說：「誰家無明月清風。」意思是世上沒有一戶人家是沒有明月與清風的。天空也是一樣，這些都是大自然賜予每個人的恩惠與救贖，我們沒有理由不接受那分美好。

除了天空，禪學也非常重視月亮。因為月亮象徵著「覺悟」，月的存在是如此的純潔耀眼、一塵不染。

我們的內心——換句話說「真實的自己」——也應該如月亮一

般，保持原有純潔明亮的模樣。然而，我們的內心經常被自我、妄想與執著層層覆蓋，要清除這些情緒並不容易。如果我們的眼中只看到負面的世界，這些自我與執著會變得越來越牢固。我將這樣的狀態稱為「心靈肥胖症」。因此，我們才需要不時地仰望明月，提醒自己回歸本來擁有的純潔之心。

含有「月」的禪語非常多。

比方說，「水急不流月」，指的是水流再怎麼湍急，也不會把映在水面的月亮給帶走。同樣的道理，無論身處何種處境，我們內心的本質也不會因此而改變。

還有一句禪語是：「掬水月在手。」明月高掛在天空，但只要用雙手掬起一捧水，月兒就會映照在水面，彷彿在我們掌中。這句禪語是在比喻，我們每個人心中本來就具有佛性。沒錯，佛陀寄宿在你我心中，而月亮，提醒了我們這一點。

**禪思考**

你最需要的是好好照顧自己。一點點時間也好，讓自己從照護家人的工作中解脫出來。請抬頭望望天空，也看看月亮。

# 說謊、說大話

**煩惱：因為愛面子而說謊，過度包裝自己**

明明收入不高，卻打腫臉充胖子買名牌，還在社群網站上發文炫耀。當別人說：「你品味真好！」內心確實感到很開心，但又總是擔心：「會不會哪一天被看穿？」我心裡很明白，這種生活是無法持久的。

有時為了讓自己看起來體面一點，所以東施效顰、不懂裝懂。雖然稱不上是說謊，但的確有點過度包裝自己。

有人可能會說：「我才沒有那樣呢！」但真的沒有嗎？在這個社群媒體發達的社會，是否為了在大家面前呈現「幸福的模樣」，而不自覺地為貼文「加料」了呢？

比方說，刻意上傳美食照片到ＩＧ或臉書，竭盡全力挑選拍攝的角度與光線，就只為讓食物看起來更可口。又或者是，為了讓文章更吸引人，便在內容加油添醋。

有人可能會說：「大家開心就好，有什麼關係？」「又沒傷害到誰，沒什麼不好的吧？」

這也不無道理，但過程中勉強了自己，也是不可否認的事實。當你心中產生「好像有點包裝過頭了」、「現在可能無法回頭」的感覺時，就代表內心有一點點後悔了。

在現代社會中，包裝自己已經成為常態。而我們之所以想包裝自己，根本的理由就在於：「不想讓別人看見真實的自己」，或是覺得「真正的自己沒有價值」。

與之相反，禪學強調的是「如實」。

禪的思想主張：「無欠缺，不過剩。」意思是如其本然，無須增減，剛剛好。這個教誨簡單來說就是：「自然不誇飾就是最好。」道元禪師也留下一句禪語：「眼橫鼻直。」意思如文面所示，眼睛橫著長，鼻子直著長。這麼理所當然的道理，有什麼好說的呢？但其實，接受自己原本的樣貌往往是最難的。正因如此，道元禪師想傳達的是：**「如實地接受自己真實的樣貌，便能讓內心保持平靜，日子安穩不動搖。」**

無論別人怎麼看你，活出真實的自己，就是禪學眼中幸福的樣子。不需要額外的包裝、不需要偽裝，以你最真實的模樣活著就好。

山野中的動物與花草，便是我們的好榜樣。他們毫不隱藏，以原本最真實的模樣，竭盡全力走完一生。人類也該如此，如實地活出本來的樣子。

只不過，不加修飾的自己，往往也代表著我們必須將所有的缺點攤開給大家看。有人覺得那樣彷彿在眾人面前裸著身子一樣，非常難為情、丟臉，有這種感覺很正常。但越是過度包裝，與真實的自己之間的落差就越大。持續偽裝、強迫自己戴上面具，最後只會讓身心更加疲憊不堪，甚至倒地不起。

那麼，怎麼做才能坦然地展現真實的自己呢？

答案是把該做的事情做好，就這麼簡單。當成果逐漸累積，不需要誇口，別人自然會看到你的成績、給予肯定。

禪語有云：**「結果自然成。」**做你該做的事，自然就會結出成功的果實。

像這樣腳踏實地累積成果，就不必仰賴社群媒體上那些看不見臉孔的讚美。

畢竟，仔細想想，虛有其表的稱讚是無法持久的，有誰的網路聲量可以持續五年、十年的呢？

我相信你內心真正渴望的，也不是別人的掌聲。你真正想要的，是希望喜歡上現在的自己，並好好肯定自己才對。相較之下，他人的讚美只不過是附加之物，好好關注自己才是最重要的。

既然如此，就請你練習好好稱讚自己。

練習的關鍵在於：把稱讚自己的門檻調得低一點。完成一點小事就很棒了，請稱讚一下自己。比方說，「今天不可以賴床」，或是「一天好好做一次丹田呼吸」、「把原本不敢說的話，說出來給別人知道」等，能做到這些真的太棒了，值得給自己一個獎勵。獎勵可以是：買喜歡吃的冰淇淋，或是買件新衣服。請好好稱讚一下這麼努力的自己。就算只是睡前對自己說：「今天我也很努力，真棒。」也能讓自己覺得備受肯定。

沒錯，誇獎自己，怎麼誇都不嫌多。畢竟誇獎自己是需要練習的。尤其在我們長大之後，越來越常聽到別人說「你還要更努力」、「還要更好」，久而久之，自己也會覺得：「這麼點小事就覺得開心，好像有點丟臉……」

但只要能持續每天稱讚自己，大概一個月，你就會真實感受到「原來我也做得到」。當你堅持了一個月後，或許就能持續半年，甚至一年，最後便能發自內心認同自己的努力與價值。

請記住，稱讚自己是需要練習的。

**禪思考**

你真正需要的，不是別人的誇讚和掌聲。請養成練習稱讚自己的習慣，多多肯定自己，喜歡上真實的自己。

## 煩惱：覺得自己的工作是在編織謊言

我無法認同業務這份工作，完全無法對這份工作感到自豪。總覺得好像在把產品硬塞給不需要的人，不禁懷疑自己是否為了眼前的利益，犧牲了更重要的東西。

業務這份工作的本質，就在於透過自家的產品和服務，協助客戶解決問題。換句話說，業務是以客戶的利益為優先，為此必須仔細傾聽客戶的需求，說明自家產品和服務，並一目瞭然地呈現優點。

絕對不是不擇手段，「哄騙」別人買單，才叫做業務。我相信你也非常清楚這一點。

有時會產生罪惡感也許是因為你隱約覺得：「我們家的產品或服務，其實無法滿足客戶真正的需求。」

舉個極端的例子，假如客戶問：「有辦法做到這點嗎？」而你明知做不到，卻還是回答可以的話，就不單純是罪惡感的問題了。等到對方發現真相，不只會變成客訴，甚至會導致身為業務的你和公司雙雙失去客戶的信任。即使一時拉到了業績，從可能失去的信譽與信賴的角度來看，後果非常不堪設想。

說實話，身為業務，最基本的就是誠實面對客戶。不能逃避事實，誠實面對。以這個例子來說，業務必須誠實回答：「我們這個產品只能做到這樣。」

但假如真的以客戶的利益為優先考量，是不是可以再往下多想一步呢？比方說：「如果搭配這組零件，或許就能符合您的需求，您要試試看嗎？」這樣引導也是一種好方法。

甚至在你明確知道自家產品或服務無法滿足客戶的需求時，也可以勇敢地向客戶建議：「這部分的需求，我可以為您介紹其他友社的產品。」

就我認識的一些頂尖業務，他們從不害怕跟客戶說「我們做不到」、「這個產品可能不符合您的期望」，真誠地展現不好的那一面。自家產品能賣出去當然最好不過，公司也可能不斷催促，要你趕快交出成績；甚至你會因為太誠實，而遭到上司責備。但如果你始終把客戶的利益放在第一位，就會知道——有時適時放棄自家利益，對雙方來說才是最好的選擇。因為你非常清楚，誠實能帶來信任，是做生意最根本、最珍貴的資產。

這便是所謂的吃虧就是占便宜。短期來看，你可能吃了點虧，但是從長遠的角度來看，那是一種德行，也就是善行。善行累積多了，會帶來更大的好處。

假如客戶認為：「你說的話，我信得過。」、「這個人值得信任。」或是在某個時刻想起你：「這件事情，我去找他聊聊好了。」代表你贏得了客戶的心，信任就是最寶貴的成果。

每間公司都有擅長或不擅長的領域，一定會有無法回應客戶期待的地方，這是理所當然的。

誠實地對客戶說：「我們家產品的規格和價位比較針對大型企業，對中小企業來說，可能會造成負擔。」

若能誠實面對客戶，你也無須背負心理壓力。因為放棄公司短暫的利益，反而能保護客戶的權益，同時也守住公司的信用與長期利益。

像這樣與客戶之間建立起信任後，反過來也會改變你每天的工作型態。在這個什麼都不缺的時代，性能再好、價格再便宜，都不一定能讓人買單。**真正讓人願意買單的，是對你這個人的「信任」，這才是真正有價值的東西**。「這個人說的話，絕對沒問題。」人們願意把錢花在值得信任的人身上。當業務獲得顧客的信任、贏得口碑後，既有客戶便會主動介紹新客戶，加速成果的累積。

要在保持誠信、持續得到客戶的信任，與追求公司利益之間維持平衡確實不容易，但只要你所做的每一件事都是以客戶的利益為優先，從長遠的角度來看，一定也能讓公司受益，其實一點也不矛盾。

反之，如果無法吃點虧，為了眼前利益而誇大不實，可能會做出作假或捏造不實等不當行為，最終引發嚴重的問題。你與客戶之間的關係只要有一點點謊言或虛假，便無法得到做生意時最重要的基礎——信任。若你能從這些經驗中學習到信任的可貴，曾經感受過的罪惡感就不會是白費。

**禪思考**

當你覺得自己不夠誠實時，不要猶疑，勇敢選擇吃點小虧吧。吃點小虧能為你累積德行，帶來更大的利益。

## 煩惱：瞞著家人在外面借貸

我偷偷在外面借貸，沒有告訴家人。之所以選擇隱瞞，是因為不想讓家人擔心、不想給他們添麻煩。但為了償還債務，全家人都得稍微縮減生活開支，我在思考是否該向家人坦承了。

無論如何，債務已經發生了，現在最重要的大原則就是——越早還清越好。放置的時間越長，利息就會像雪球般越滾越大，償還起來也會變得越來越困難。假如能得到家人的協助，當然再好也不過。

而且，就算這筆債務是在家人不知情的情況下借貸的，恐怕很難隱瞞一輩子。當你的行為舉止不對勁，家人很可能會察覺，甚至也可能收到債權人的信件，或接到討債電話。與其擔心萬一被發現怎麼辦，不如抱持著反正遲早會被發現的覺悟，從現在開始思考對策，才是最明智的做法。

禪語有句話說：「禪即行動。」禪學倡導要立即行動，採取行動後，焦慮不安自然就會消失。「如果被發現怎麼辦？家人會不會生氣？」、「房貸怎麼辦？會不會影響到孩子的升學？」在腦中反覆煩惱這些問題，對解決問題一點幫助也沒有。

只要採取行動，一定會產生某種結果。如此一來，你就會知道該做什麼，才有辦法改善情況，也能延伸出下一步的行動。不斷採取行動，你也不會有閒暇的時間胡思亂想而焦慮不安。動起來，是除去恐懼與焦慮最好的方法。

至於家人會對債務產生什麼反應，不說出來你永遠無法知道。既然如此，應該盡快並毫無隱瞞地把欠債的事情攤開講清楚。

家人可能會生氣、感到失望，甚至心碎。他們可能會懷疑你到底把錢花在哪裡、懷疑這筆債務會不會只是冰山一角、一家人未來的生活該怎麼辦。一切彷彿不切實際，無法相信。有時，家人甚至會因為債務龐大而選擇疏遠你。

即使如此，跟隱瞞債務相比，把一直以來瞞著家人的事情說出來，代表你已經在邁向改善的路上。把一切攤開說出來，才有辦法知道家人真正擔心的是什麼、生氣點在哪裡，得以找到走出困境的契機。就像在一片漆黑中，終於看見一絲微光。

以下是我個人的推測。

對家人來說，最不安的應該是：「債務到底有沒有辦法償還？接下來日子要怎麼過？」

如果是這樣，你應該擬定出明確的還債計畫，跟家人好好說明：「未來預期的收入有這麼多，我們大概可以過這樣的生活，請你們放心。」雖然日子可能無法跟過去維持一樣的水準，但並不代表生活不下去。有句禪語說：「知足安分。」即使生活費減少了，只要下定決心「日子就靠這點錢來過」，總會有辦法的。錢當然有比沒有好，但有再多的錢，也未必能保證日子一定就幸福快樂。懂得知足、掌握分寸，正是生活穩定、內心平和的關鍵。把這次的事件當作是知足安分的練習吧。

對家人而言，還有另一個讓他們感到不安的要素。那就是對你隱瞞這件事情感到不安。他們心裡或許會想：「為什麼不早點告訴我們？」

你之所以隱瞞，或許是因為對產生債務的原因感到羞愧。因為揮霍或賭博等原因造成的債務，確實可能讓你在家中難以立足，但假如是因為想擴大生意，卻因客戶倒閉而背負債務，或是工作的事情不想讓他們擔心等理由，也許能獲得家人一定程度的諒解。

無論是哪一種情況，遭到欺瞞的人，會因此產生不信任感，這點是非常肯定的。

禪語有句話說：「明歷歷，露堂堂。」意思是，沒有什麼是需要遮掩隱藏的，一切都清楚明白、坦蕩蕩。不加掩飾，以真實的模樣活著，才是最踏實的。而真正的自信與安定的力量，來自於坦然面對真實的自己。家庭，本來應該是能讓人安心展現真實的自己、分享彼此煩惱的地方。我相信你與家人，都對家有這樣的期待。所以，請好好珍惜這個無可取代的避風港，千萬別把它給破壞掉了。

**禪思考**

禪語有句話說：「禪即行動。」行動是消除不安最好的方法。想拭去身邊的人對你的不信任感，就請用行動展現你的誠意。

## 煩惱：被裁員後與家人之間的關係緊張

我的生活一直以來都是工作優於家庭，去年卻遭到裁員。遭到裁員的挫敗感，加上求職不順，心情煩躁，常常對家人發脾氣，講話口氣很糟糕。明知他們只是關心而已，我卻無法把心裡的感受說出來。

裁員在疫情期間特別嚴重，很多人都遇到類似的問題。然而裁員這件事，往往不是靠個人努力就能夠避免。因此，遭到裁員不是因為你太差勁，只是你剛好遇到而已。

很多時候，再怎麼努力也無法避免裁員。對於失去家庭經濟支柱，或是稱職父親的地位感到不安，是人之常情。但假如你一直陷在「我為什麼會遇到這種事」、「我是不是做錯什麼」的情緒中，會無法專注找新工作，並拖累自己。你現在最需要做的是坦然接受現況，然後竭盡所能，把能做的事統統做一遍。去就業中心走一趟、請朋友幫忙介紹工作機會、抓緊空檔準備證照考試，不要只是哀嘆抱怨，要把逆境當作邁向更美好人生的轉機。

請回想道元禪師的教誨：**「放手，方能擁有更多。」你放手之後，空出來的位置，會有更好的事物填補進來。**我們空手來到這個人世間，一路以來不也得到了許多嗎？這次一定也沒問題的，凡事皆有出路。

就你的情況而言，過去總以工作太忙為藉口而忽略了家人，現在或許是好好面對、陪伴家人的時候。

你現在是不是不想讓家人擔心，或是為維持一家之主的形象，不想讓家人看到自己失落的模樣呢？

但如果明白家人很關心你，也因此而感到愧疚的話，就坦然地說出自己的心情吧。你應該只是想聽到家人對你說：「沒關係啦，這種事任何人都可能遇到。」希望家人為你打氣：「我們一起努力吧。」、「不用太著急，沒關係。」故作堅強、裝沒事，只是愛面子罷了，你現在已經不是單靠自己一個人就能重新站起來的狀態了。

既然如此，就坦然開口請家人提供協助，真誠地表達感謝吧。比方說：「要找到工作可能還需要一點時間，但我會繼續努力，希望你們可以給予支持，也謝謝你們這段時間的關心與陪伴。」眼前有人願意站在身邊支持你，就不要再獨自一人承受痛苦。總是說「對不起」，容易讓身心沉重無力；但如果能開口說「謝謝」，相信內心會湧現一股力量：「為了家人，我要繼續努力下去。」

如果你覺得跟家人好好說話真的很困難，或總是話不投機、牛頭不對馬嘴，我有一個建議。

一週一次也好，全家人一起坐下來好好吃一頓飯。

我認為家庭是一切人際關係的「原型」。現在這個時代，家庭的樣貌正在逐漸崩解。父母雙薪上班，孩子忙著上學和補習，連在同一時間、同一張桌子前一起吃飯，都變得有點困難。

在這樣的情況下，家庭成員之間分崩離析，也不足為奇。就算是家人，本質上仍是互為獨立的個體，住在一起未必就能理解彼此。即使有機會對話，頂多也只能成功傳達約六成的想法，剩下的四成，就算是最親近的家人也無法完全了解。但是在人生的關鍵時刻，這六成的理解是最珍貴可靠的救命繩索。

想達到六成的理解，就必須一起坐下來共享用餐時光。同桌共食是建立良好家庭關係的起點。

雖然我說坐下來一起吃飯聊一聊，也不需要馬上就談被裁員的事，可以先從日常的生活瑣事聊起。即使一開始有點生硬、不自然也沒關係，只要互動的機會多了，能夠隨口閒聊：「最近我發生一件事……」便可了解家人最近在做什麼、有什麼想法，逐漸掌握彼此的近況。像這樣，養成分享日常生活小事或煩惱的習慣後，等到真的發生大事時，也比較容易開口商量：「我跟你說，其實……」

當彼此互動的時間變多，家人之間重新了解彼此之後，就能夠坦然相對，不需要有任何隱藏。反過來說，如果平常本來就沒有「今天發生了這件事、遇到那種事」、像這樣分享日常小事的習慣，想突然敞開心胸，說自己被裁員的大事，根本是不可能的。

家庭關係的重建，就從餐桌開始。

**禪思考**

想要在家人面前說出心裡的話，並不是件容易的事。因此，先從在同一餐桌一起吃飯做起，與家人重新建立關係吧。

## 煩惱：與真正想做的事背道而馳

其實我心中有一份真正想做的工作。但我必須養家人，也不想降低家庭的生活水準；再加上，離開現在的工作，會覺得是在背叛一直以來一起奮鬥的同事們。但留在現在這份工作，讓我覺得像在對自己說謊，有種說不出的鬱悶。

在對別人誠實之前，應該先對自己誠實。

如果你對現在的生活方式感到內疚心虛，請選擇一種不再有罪惡感的人生。因為你不斷找理由合理化自己，例如「我有家要養」、「薪水其實給得還不錯」，內疚感才會一直縈繞心頭、揮之不去。

**一個無法誠實面對自己的人，也無法誠實面對他人**。因為對自己說謊，就等於欺騙了那些真心關心你的人。誠實這兩個字，說起來容易，做起來非常不簡單。誠實面對自己，選擇不心虛的人生道路，從長遠來看，其實才是最輕鬆自在的活法。

為什麼誠實比較輕鬆呢？因為這樣的生活方式正是禪學所說，「本來的自己」真正嚮往的生活方式。所謂本來的自己，指的是存在於內心的另一個自己，那個純粹、沒有被塵埃汙染的自我。佛教將之稱為「佛性」，並倡導：「一切眾生，皆有佛性。」（也就是每個人心中都有佛。）

當你向本來的自己提問，就會逐漸看見真正渴望的人生長什麼模樣，傾聽本來的自己對人生所做的描述。假如我說坐禪本來就是為了向自己提問這個目的而存在，你會感到驚訝嗎？「坐」這個字，是由「土」上方站立著兩個人所組成，象徵著兩人相對而坐的模樣。而這兩人，指的正是「現在的自己」與「本來的自己」——也就是那顆純淨、沒有垢染的心。

那麼，該怎麼做才能與本來的自己相遇呢？我的建議是：每天早晚，留一點時間與自己對話。與自己對話，需要合適的場所。

我們僧侶有本堂（佛寺的正殿），一般人的家中則有佛壇。你需要一個能讓自己靜下心、內心有所依靠的空間，與自己對話。

即使沒有佛壇也沒關係，可以在祖先的照片、故鄉的風景照、神社或寺廟求回來的護符、敬仰之人的著作面前對話。只要能讓你回到最原始的自己，使內心變得澄明清澈都可以。

那個空間是能讓你內心「裸露」出來的地方。沒有人會對佛陀或祖先撒謊、隱瞞吧？這裡要注意的是，如果你在沒有卸下心房的情況下自問自答，是聽不到內在佛性聲音的。正如前面所說，人的內心會逐漸被自我、妄想和執著等塵埃所覆蓋，在禪學裡被稱作「心靈的塵垢」，是極力想排除的東西。所以在自問自答前，請先把塵埃拂拭掉，讓真實的內心裸露出來。

內心坦露出來，取回佛性之後，問問自己：

「我現在過的人生，是本來的自己所期望的嗎？」

「我走的這條路，是否偏離了自己該前進的方向呢？」

如果心中的佛回答「不是」，你現在過的人生不是本來的你所期望的，那條路就不該繼續走下去。請選擇一種連內心的佛也會為你鼓掌的活法。

這樣一來，就能淡然坦蕩、篤定地對自己說：「這是我的人生，我才不管別人怎麼看。」、「這正是我真正想走的路。」

**禪思考**

對自己誠實最重要。如果內心的佛說「不」，那就是條錯誤的路。選擇能讓心中的佛點頭稱讚的活法，才是真正的誠實。

## 煩惱：總是在扮演「好人」

有人拜託我幫忙時，我總是無法拒絕。雖然內心百般不願，我也會為了不破壞好人形象，笑笑地答應下來。我好討厭那個隱藏真實自我、裝好人的自己。

跟前面案例的問題一樣，壓抑自己、扮演好人的行為，不僅對自己不誠實，也是對別人不誠實。那麼，希望別人認為自己是好人的心情，背後究竟隱藏著什麼呢？也許是想與同事相處融洽、希望別人喜歡自己、想透過當好人來獲得安全感。又或者是，被人拜託覺得有點開心，甚至是不想辜負別人期待的責任感。背後可能有某種盤算：「就算內心不太願意，但現在賣個人情，將來自己也比較好開口請人幫忙。」

但我想請你再稍微思考一下：你對現在的狀態感到滿意嗎？別人覺得你是好人時，或許真的為你帶來了一點安全感。但實際上，你是否只是成了大家眼中「好利用的人」了呢？那樣真的有助於你在職場上獲得良好的評價嗎？

所謂的好人，其實只是「對某個人來說的好人」。每個人心中對好人的標準都不太一樣。當你害怕被討厭、否定、責罵時，就會順應不同對象，扮演不同的好人。在那樣的情境下，你真的有辦法安心、長久地工作嗎？

那麼該怎麼辦呢？答案很簡單——**不要一味地迎合**。一味地看對方臉色，依據對方的反應來調整態度的人，別說是好利用的人了，坦白說，根本就是不值得信賴的人，不是嗎？而且，你自己的工作就已經夠忙了，還接下別人的工作，無法專注在原本的事情上，就這點來說是非常不負責任的行為。

「我現在正好有空，可以幫你一下。」如果真心想幫忙，當然沒問題。但如果只是想要討好對方而勉強自己，不該勉為其難地答應。

對方也許會挖苦你說：「你今天真冷淡耶。」但這種人正是把你當成工具、利用你的人。人際關係中最重要的，就是互相信任、彼此互助。你幫我、我幫你這種互相的人際關係，相處起來才舒適自在。如果只有一方不斷付出，重擔只在某一方身上的話，根本算不上真正的工作夥伴。

當你自己的工作已經堆積如山時，就應該果斷地畫下界線，坦率地拒絕對方：「抱歉，現在沒辦法幫你。」如果你明明沒有餘力，卻仍然接下對方的工作，最後兩邊都沒辦法如期完成，兩個人的評價可能會因此被打負評，兩敗俱傷。

如果你擔心拒絕會讓對方感到不愉快，就清楚說明理由。例如：「我自己的工作也快到截止日了，沒辦法幫忙，抱歉。」說清楚講明白，對方一定比較容易接受。

此外，就算你答應幫忙，也最好設下界線，例如：「就我現在的工作量，我可以幫你兩個小時，再多就沒辦法了，抱歉。」事先說清楚能幫多少，對彼此都好。很遺憾的，世上真的有些人專門以好說話的人為獵物，想盡辦法把工作推給別人。因此，無論是拒絕還是答應，都應該把理由說清楚。這不只是保護自己，也是畫清界線、牽制對方。

**禪思考**

大家認為的好人，只是「好利用的人」，濫好人只會被別人利用而已。學會對自己誠實，也對別人誠實，建立起你幫我、我幫你這種互相的關係吧。

# CHAPTER 3

# 不受「自我」束縛

# 戒不掉壞習慣

## 煩惱：菸酒怎麼也戒不掉

一把年紀了，卻還是沉迷酒精，也戒不掉菸。現在年輕人都已經逐漸遠離菸酒，就連我這個年齡層的人，也有不少人成功戒酒戒菸。總覺得自己很丟臉，抽菸喝酒只能偷偷摸摸的。

壓力大，所以戒不掉酒，也戒不了菸。又或是，戒不掉暴飲暴食，沉迷社群媒體。明明想戒掉，卻怎麼也戒不掉的現象，一般會被歸類為某種「成癮症」。

如果成癮的狀況已經嚴重到危害身心健康，請不要猶豫，盡快尋求醫療協助，接受適當的治療和支持。

但是回到抽菸喝酒最根本的原因來看，酒精和香菸本來就是很常見的舒壓方式。

當然，無論是喝酒還是抽菸，都稱不上對身體有益，現在的社會風氣確實也朝著遠離菸酒的方向發展。你會覺得丟臉，大概也是因為心裡有點在意，擔心會不會給周圍的人帶來困擾吧。然而，抽菸喝酒本來就是你的自由，只要遵守分寸，例如：飲酒不過量、不強迫他人喝，有節制地享受，並無不可，無須過於責備自己。而且，抱著罪惡感抽菸喝酒，反而無法獲得滿足，甚至可能因為內心不安的反撲，讓酒量和菸量增加，而陷入惡性循環。

如果是這樣的話，何不轉個念，把喝酒、抽菸視為一種自己的舒壓方式，正向地看待它呢？

另外，當你發現，即使喝了酒、抽了菸，仍然無法消除壓力時，也許該思考一下：是否已經無法好好感受它們的美味了呢？

請你閉上眼睛，集中精神在手中的酒或香菸，細細品味它們吧。

有句禪語叫「喫茶喫飯」，意思是喝茶的時候，專注於喝茶這件事情上，以自己與茶融為一體的心情來品茗。

吃飯的時候也是一樣，專心吃飯，努力讓自己與飯食合而為一。如果能做到這樣，應該可以透過五感，感受到有別於「隨便吃」，例如一邊滑手機、一邊聊天時無法體會到的美味。

喝酒也是一樣的道理。喝酒不要只是大口大口地灌下去，而是用心品嚐每一口的味道與香氣，這樣做自然能預防飲酒過量。只要集中意識於「此時此刻」，任何事情都能變得格外有滋味。

戒不掉菸酒，代表你原本就是喜歡抽菸喝酒。一味地強忍，往往只會打擊自己的自尊心，「我又喝多了，打破諾言了」。與其如此，不如盡情享受品味菸酒的樂趣，但想辦法把量控制在適當的範圍，這樣的人生過起來才快樂，不是嗎？

我知道有些人因為太忙碌，連吃飯、抽菸都沒有時間細細品味。即使如此，請至少在最初的第一口，閉上眼睛，用全身去感受。「小欲知足」這句話說的正是這個道理，告訴我們要減少「還想要更多」的欲望，學會知足。如果一點點的量便能獲得滿足，覺得「啊，真是美味啊！」的話，還想要更多的欲望自然就會消失。

不過我必須再次強調，由於健康因素必須戒菸酒的人，或者成癮度已經高到無法以個人意志克制的人，還是建議尋求醫療機構的協助。我明白這樣的建議對某些人來說，可能會讓人感到有些排斥。因為有時，成癮症對那個人來說，某種程度上或許是他活下去不可或缺的必要手段。排除掉成癮物質，會帶來極大的痛苦，而且只不過是換個成癮的對象罷了。

換句話說，**想要戒除成癮症，並不是單純停止那個行為就能解決的。而是必須找到一種新的生活方式，讓自己不再需要仰賴某種事物才行。**

對你來說，不喝酒、不抽菸的生活會是什麼樣子，我無從得知。然而，禪宗的觀念基本上認為，無法逃避的事物，只能接受它。而且，並不是勉為其難地接受，而是欣然地面對它、接受它、克服它，這樣的態度能帶來真正的成長。所以，我們唯一能做的，就是採取行動。你是要一邊哀怨「好煩好討厭」，一邊心不甘情不願地往前走，還是懷著「這是為了蛻變成嶄新的自己」，堅定向前走呢？一切端看你怎麼做決定。

**禪思考**

與其哀嘆自己戒不掉菸酒，不如好好實踐「喫茶喫飯」，細細地且全心全意去品味感受。或許一小口酒，就能讓你感受到滿滿的幸福。

## 煩惱：嘴巴說著「明天再開始」，卻總是沒有行動

我常常下定決心說：「明天開始努力。」但到了明天，又找理由推託：「今天好累，還是明天再說吧。」然後每天重複著這樣的循環，從自己身上完全看不到半點成長。

據我所知，抱持著「明天開始努力戒掉吧」、「下次再想辦法改進」這類想法的人，幾乎沒有人能成功戒掉壞習慣，或做出什麼不一樣的事。

「抽完這包菸，我就戒菸。」、「從明天起我要戒掉零食，還要開始慢跑。」這些決心，最後往往淪為空談。**真正能做到的人，是從「現在」開始努力的人**，除此之外沒有別的了。明天也許又會覺得疲憊、想要偷懶，既然如此，從明天的現在開始努力就對了。

我曾聽過努力戒除藥物成癮的人分享：「成癮症是無法痊癒的，只能每天持續立下『我今天要戒掉，絕不再犯』的決心。」即使今天成功戒除了，也無法保證明天能忍住。所以只能日復一日地，不斷立下「我今天要戒掉」的決心。

這個想法跟禪宗「前後際斷」的概念相互呼應。曹洞宗的開宗祖師道元禪師曾留下這麼一段話：

「薪柴燒成灰燼後，不會再變回薪柴。因此，不應視薪柴是之前，灰燼是之後。當知，薪柴安住於薪柴的法位，有先有後；雖有先後，但前後之際已經斷絕；灰燼亦安住於灰燼的法位，有後有先。」（出自《正法眼藏》的〈現成公案〉。）

簡單來說，這句話的意思是「薪柴燃燒成灰燼後，不會再回到薪柴的狀態」，但我想試著用更白話的方式跟大家討論。

我們在日常生活中，總是習慣把時間視為「昨天成了今天，今天又變成明天」，自己彷彿活在時間連續的流動當中。然而，道元禪師想表達的是——昨天就是昨天，今天就是今天，明天就是明天，每一天都是完結且互為獨立的時間，並不是一條直線相連在一起。

既然如此，我們該做的不是後悔過去，也不是害怕未來，而是全心全意地活在「此時此刻」。

不只是道元禪師，禪也不斷反覆強調全心全意活在此時此刻，才是生命的真正價值所在。

這個道理就跟「即今，當處，自己」這句禪語想傳達的概念一樣。即今，指的是「此時此刻」；當處，指的是「自己身處的地方」；自己，則是「自己的存在」。

換句話說，「即今，當處，自己」的意思就是，要在此時此刻，自己所處之地，盡己所能。今天活著，不代表明天一定也活著。當我們說著「明天再開始也不遲」時，那個明天也許根本永遠不會到來。

所以，無論做什麼事，只有從現在開始。

想要努力，就從現在開始；想要戒酒，就從現在戒酒。即使中途意志削弱，開始鬆懈了，也沒關係，請從現在重新開始，從現在下定決心戒掉。**除了不斷累積此時此刻的努力之外，我們別無他法**。

**禪思考**

「前後際斷」。無論是開始還是戒除，沒有比「此時此刻」更好的時機了。

## 煩惱：不斷想起令人不愉快的回憶

明明是很久很久以前、令人羞愧的回憶，卻常常沒來由地不斷在腦海中反覆回想。即使心裡清楚「這樣只是讓自己痛苦而已」，卻怎麼也停不下來。

以「一休和尚」之名廣為人知的一休禪師，有一則這樣的軼事。

有天，一休禪師帶著弟子們在街上走著，忽然間聞到了一股烤鰻魚的香味。

「好香啊。」一休禪師喃喃自語道，結果一位弟子責備他說：「修行人可不能這樣動心啊。」然而，這位弟子恐怕自己也抵擋不住鰻魚香氣的誘惑，回到寺裡忍不住脫口而出：「師父，好想吃剛才那個鰻魚啊。」

一休禪師聽了笑著說：「你還在被那個鰻魚給纏住啊？我當下就把香氣留在剛才的地方了。」

一休禪師是個喝酒、吃肉、好女色的「破戒僧」，他跟一般人一樣擁有欲望，聞到鰻魚的香氣內心也會動搖。但是與一般人不同的地方是，一休禪師不會被情緒或欲望牽著走，也不會因此放不下。

一休禪師可以說是非常擅長轉換心情的人。

然而，並不是所有人都擅長轉換心情。當人際關係不順利、工作犯錯，或是對過去的行為感到懊悔時，有些人會把這些情緒鬱積在心中，無論過多久都無法釋懷。

這裡想再強調一下，**請把後悔的時間，拿來省思自己犯錯的原因**。那樣做能幫助自己轉換心情。

不過，如果「反芻思考」已經無意間成了反射性的習慣，心情的轉換恐怕需要一些時間。因為每想起來一次，記憶就會被強化，使得回憶變得更加鮮明，更容易動不動就會想起來。

因此，一旦察覺到「啊，我又開始想同樣的事情」時，請馬上動一動身體。

當然，並不是要你特地去運動，那樣太麻煩了。從禪宗的觀點來說，打掃是最好的方法，而且要全心全意地投入打掃。至少，在專注打掃的這段時間裡，能讓頭腦空白，不再反覆思考過去的事情。

打掃還有另一個好處，只要你動手做，空間就會變得乾淨整潔。而且很神奇的是，環境變得乾淨整齊後，心中累積的塵埃也彷彿被一掃而盡，心情既舒暢又愉快。正因如此，禪宗中才有「一掃除，二信心」這句話，特別重視打掃。當你腦袋裡又浮現出不愉快的回憶時，不用想太多，動手打掃就對了。連同那些不愉快的記憶也一起清理乾淨吧。

但是，也不需要花費太多時間。

例如，可以設定個五分鐘，立下時間限制，整理眼前雜亂的書桌，或是刪除電腦桌面上沒在使用的檔案或資料夾，也可以只清理廚房、玄關，或書架，限定區域。選定一個範圍，專注打掃清理，馬上就能感受到打掃帶來神清氣爽的效果。可別忘了，打掃也得全力以赴。

**禪思考**

想起不愉快的回憶時，請動一動身體。禪宗強調「一掃除，二信心」，全心全意投入打掃，心情也會跟著煥然一新。

# 遇到討厭的事情，總是選擇逃避

## 煩惱：跟想保持距離的媽媽朋友繼續往來

有位媽媽朋友很愛說別人的壞話。其實我很想跟她拉開適度的距離，但想到與媽媽朋友之間相處可以得到的好處，和擔憂自己會被小圈圈排擠，最後還是選擇附和，一起說別人的壞話。

跟過去相比，現在鄰里關係的經營變得困難多了。人與人之間的關係本來就已經日漸淡薄，如果夫妻兩人都有工作，與鄰居碰面的機會自然更少。特別是在都市，人與人之間除了住在同一個地區之外，似乎沒有其他連結。

然而，「媽媽朋友」之間，因為有孩子這個共通點，很快就可以拉近距離。尤其是孩子上同一間幼稚園或學校的媽媽們，關係相對親近很多。

如果能在育兒路上一同分享快樂與煩惱，建立起相互扶持的關係，媽媽朋友會是非常可靠、令人安心的存在。只不過，每個人都有自己的個性，有些人未必合得來。有人會透過談論鄰居來拉近彼此的關係，但也有人將這樣的行為視為「說閒話」，覺得反感。儘管如此，如果孩子之間感情很好，媽媽朋友之間往往很難斷絕來往。於是，即使心裡有千百個不願意，也還是勉為其難地一起去吃午餐或喝下午茶。

最令人困擾的是，一旦成為某個小團體的一員後，便很難中途退出。這種情形不僅限於媽媽朋友之間，只要形成小圈圈，人們就會開始害怕自己遭到群體排擠。

這種情況在職場上也很常見，「雖然很不想參加公司聚餐，但又怕因此跟大家處不好、工作的事情不好商量，所以還是去露個臉好了。」然而，形成小團體後，或許能讓人產生安全感，但同時也會有人藉機開始說別人的壞話。一起說別人的壞話，人們會產生一種「共享祕密」的錯覺，進一步加深團體的親密感。這種狀況確實挺麻煩的。遇到說壞話的場合，當下或許能敷衍過去，但萬一傳到被說壞話的人耳裡，對方可能會覺得：「聽說〇〇〇也跟著一起說壞話……」一想到各種可能的後果，就讓人心煩不已。

雖然身處媽媽朋友圈確實有其好處，但如果真的想退出小圈圈，該怎麼辦呢？最好的辦法，恐怕只能有意識地慢慢拉開距離。如此一來，對方主動找你聊天或邀約的次數就會逐漸減少，最後便能順其自然地從小圈圈中淡出，這種漸退的方式才是最理想的。

而且人與人相處，本來就不該用「有沒有好處」來評斷。

在禪的觀點裡，能與某人相遇這件事情本身就是近乎奇蹟，是緣分這股力量讓你們相識。應該懷著感謝的心接納這段緣分，而不是斤斤計較、挑三揀四。況且，太過重視利害得失，也會讓人壓抑自己真正的情感，日子過得彆扭又壓抑。

然而，選擇什麼樣的緣分，確實會為人生帶來非常大的影響。好緣分會吸引更多好緣分，形成良性循環；若是不小心結了惡緣，往往容易產生惡性循環，最後難以抽身。如果跟愛說壞話的人來往，身邊自然會聚集一群愛說是非的人；相反的，若身邊都是說話溫柔體貼的人，周遭便會出現越來越多溫暖人心的人。

緣分的力量一旦被啟動，就不是個人能輕易左右的了。再者，想改變愛說壞話的人，根本是徒勞無功。因為他人從來就不是我們能控制的對象。這世上，我們唯一能掌握、有辦法改變的，就只有自己。

因此，最好盡早表明「我要從這個小圈圈退出」的想法。不過要特別注意的是，如果突然斷絕往來，或者把對方當作敵人，很可能會引發對方反感，「那個人是怎樣啊？」結果讓自己成為下一個被講閒話的對象。所以退出時，應該要說明清楚想拉開距離的理由，同時也別忘了表達感謝，讓對方聽了舒服且服氣，彼此好聚好散，笑著說再見才是最理想的做法。

你可以試著這樣說：「謝謝你的邀約，不過，我最近想好好學○○，未來○點之後可能比較沒有時間了。」

沒有任何理由就退出小團體，容易招來反感。如果有正當理由與感謝之言，就算別人想挑毛病也無從挑起，媽媽朋友大多也會微笑接受吧。畢竟媽媽朋友也是有別於自己的獨立個體，沒有必要樹敵，也不必拉攏盟友。**以互敬態度，保持距離往來剛剛好**。

「這樣說，會不會讓對方不開心？」不必太過擔心，你只要充滿自信地認為「我就是這樣的人」，就好了。

**禪思考**

好緣召來好緣，惡緣引來更多惡緣。當你產生與某人保持距離的念頭時，盡早行動為上策。但千萬別忘了懷抱感謝之心，切勿樹敵。

## 煩惱：改不掉拖延症

我有個壞習慣，遇到不想做的事情老是習慣拖延。每當眼前出現更有趣的事時，總是忍不住被吸引過去；中途想到該做的事情，又會感到焦慮不安，事後懊悔不已，這樣的問題不斷反覆出現。

拖延這個毛病確實非常麻煩。「好累喔，等等再說吧。」、「先把其他事情處理好再說。」這些狀況多半源自於不想面對某些不愉快或麻煩事的想法。當事人其實也很明白，拖延放著不管，事情也不會因此自動解決，所以心裡一直抱著罪惡感。結果，心中不斷想著：「得趕快動手做。」、「但還是再休息一下好了。」、「哎呀，已經沒時間了，怎麼辦！」把自己弄得精疲力盡、消耗心神。即使休息、玩樂，心裡也無法真正放鬆。

所以，我都這麼建議：**「請從最麻煩、最困難的事情開始做起。」**反正遲早都要做，逃避是沒有用的。

最好的解決之道就是「先苦後樂」。如同字面所示，先從麻煩和困難的事情做起，把問題解決之後，再好好享樂。

比方說：「不要午睡後再開始工作，而是先把工作做完，再去睡個午覺。」又或者：「出了錯馬上向上司報告，不是想著如何彌補、掩飾。」不要為自己找任何藉口，而是下定決心：「先把擾人的事情解決掉！」

即使再忙、再累，就算你心想也許做不到，內心焦慮不安，也不能用這些理由來合理化拖延。

重點就在於「禪即行動」，別再想東想西，先動起來。如果覺得踏出一步很困難，可以先跨半步。如果覺得持續一個小時太累，先做五分鐘也可以。說不定一動手，心情也會跟著提振起來，「既然都開始了，乾脆一次全部解決吧！」

**禪思考**

「先苦後樂」。不要先休息再行動，而是先動個五分鐘，再去休息。

## 煩惱：工作總是無法如期完成

常常時間一過去，就發現工作又沒能如期完成，只好延後交期，經常給人添麻煩。一方面覺得自己耽誤到他人感到非常不好意思，一方面又會覺得「我因為其他案子太忙了，沒辦法啊」，對這樣愛找藉口的自己感到厭惡不已。

我常常覺得那些老是說著好忙、好忙的人，其實最浪費時間。表面上看似被各種事情追著跑，實際上真正動手做的恐怕沒有幾個。也許是真正採取行動前，就已經耗費大量的時間在焦慮煩惱上，所以才會累積一堆做到一半的事情，等截止日逼近了，才又開始慌慌張張地著手。

換句話說，這樣的狀態是被時間追著跑，失去了時間的主控權。

唐代的禪師趙州從諗曾說過：「汝為十二時所使，老僧得使十二時也。」

「十二時」指的是現代的二十四個小時。這句話的意思是：「你是被時間驅使的人，而我則是主掌時間的人。我們面對時間的態度，截然不同。」

這裡「被時間驅使的人」說的就是你。如果沒事先訂好這件事要在幾點前完成，事情做起來就很容易拖拖拉拉。結果就是，可以執行的時間變少，只能匆匆忙忙應付了事，最後留下「明明有這麼多時間可以做，做出來的品質卻這麼差」的爛攤子和懊惱。

反之，那些「主掌時間的人」，是說到做到的人。雖然他們想偷懶，也可以偷懶，但還是會安排好進度，例如：「上午做這兩件事情，吃完午餐休息一小時後，再去做另外兩件事情。」像這樣有條理地完成手邊的任務。歸根究柢，正是因為你沒能在限定的時間內完成該做的事，才會心浮氣躁，喊著好忙、好忙。

時間很公平，每個人一天都只有二十四個小時，只差在怎麼運用而已。

我認為關鍵在於早上的時間安排。**如果能做好晨間安排，掌握早晨的節奏，就能一整天都保持高效率的步調**。

第一步請試著比平常早起三十分鐘。而且記得，越是忙碌的時候，越該早起。起床後打開窗戶，讓新鮮的空氣進來，深呼吸一下。慢慢吃完早餐後，內心就會湧現「今天也要加油！」的想法，自然充滿幹勁。相反的，如果拖到最後一刻才起床，連早餐都來不及吃就匆匆忙忙出門，一點餘裕也沒有，想當然那一天一定過得心浮氣躁。

除此之外，我也強烈建議重要的事情要安排在一早去做。因為早晨是頭腦與身體最清醒的時刻，做什麼都特別有效率。既然如此，不論是重要的事情，還是麻煩的事情，都應該趁「早」解決。

反過來說，下午就不要留太多繁雜的工作。畢竟，人到了下午容易感到疲憊，工作效率會降低。所以，想讓下午輕鬆點，就要加快腳步，早上先把重要或麻煩的工作做完。

說到這個，不少企業家也說：「做重大決定，早上會比晚上更合適。」因為夜晚本來就容易讓人感到焦慮不安，原本沒什麼的小事，也很容易被放大解釋。相對的，沐浴在晨光中思考，判斷也會變得積極正向。

再者，夜晚本來就該讓身心好好休息。既然如此，就不要把麻煩的事情留到晚上煩惱，早上該怎麼過，自然也就清楚明白了。

**禪思考**

不要被時間牽著走，要學會掌控時間，做時間的主人。尤其是早晨怎麼過，會大大左右你一整天的心情和節奏。

# 沒辦法對自己好

## 煩惱：放假如果什麼都不做，就覺得自己很廢

週末只想放空什麼都不做。但假如一整天真的都在打電動、滑手機，一天結束後，又會覺得自己過得好像很頹廢……

難得放假，就做點自己喜歡的事情，隨心所欲、自在度過吧。只要一放空就會有罪惡感，這種情緒對我這個年紀的人來說，實在很難理解。然而，現代社會的確瀰漫著一種氛圍——休息等於懶惰。這樣

的社會風氣，是我從未想像過的。

人不像鮪魚或鯊魚這類生物，牠們從出生到死亡必須不斷游動。人類不休息，便無法維持生命活動。這裡不妨換個角度，正向思考——正因為有適當地休息，人才有辦法長時間持續活動。

就像長長的樓梯間設有休息平台一樣，人生也需要這樣的喘息空間。每爬個十階就停下來歇口氣，在活動的過程中定時休息，才能讓自己保存體力，走得更遠、爬到更上面。會對休息產生罪惡感的原因，或許是出自於內心的焦慮——別人都在做有生產力的事情，只有我在放空浪費時間，這樣會不會跟不上大家、被拋在後面？假如休息是為了走更長的路，就請你放寬心，放心休息吧。既然都要耍廢了，就不要一邊耍廢、一邊懊惱著「其實我應該去做這個、去做那個」，堂堂正正地大聲宣告：「為了讓明天能夠繼續努力，我今天就是要徹底耍廢！」這樣才有辦法真正地放鬆休息。

不過，我們也不能忽略一件事，好好休息其實並不容易。

舉例來說，平時整天都在滑手機、手機成癮的人，突然被要求把手機收起來、好好讓眼睛休息，他可能不到五分鐘就會坐立難安了吧。又或者，總是全心投入工作的人，突然要他放假好好休息，把注意力轉到閱讀、電影或運動等娛樂活動上頭，可能很難吧。對許多人來說，現實生活中恐怕幾乎沒有什麼餘裕，把焦點轉向工作以外的事情。

若要這種人什麼都不做，他們反而容易陷入焦慮不安、內心難以平復。那麼該怎麼辦呢？這個時候，與其什麼也不做，不如讓身體邊動邊休息。

我有個固定的行程，只要一放假，就會到寺院境內除草。

除草這件事既單調又無趣，但正因為作業單調無趣、無須思考，反而能讓人徹底放空。草除啊除啊的，一抬起頭來，時間早已在不知不覺間流逝，心情也變得格外舒爽明亮。

當然未必一定要除草。關鍵在於一邊活動身體，一邊專注一件事情上。有句禪語叫「一行三昧」，意思是一心一意、全神貫注地投入在一件事情上。這又以能默默進行的「單純作業」特別有效，大腦和心靈都可以得到休息。

這樣想想，家裡其實隱藏了非常多邊動邊休息的機會。像是平日累積的家事，無論是打掃整理、洗衣、刷地，這些單純作業都是最適合進入「一行三昧」狀態的任務。煮飯也是一樣，有人說：「揉麵糰時，最能夠進入心流的狀態，毫無雜念」、「切高麗菜絲時，讓我忘了時間」等，你應該也有類似的經驗吧？做某件事時，不知不覺進入了無我的狀態。那件事情，就是屬於你自己的「一行三昧」。

順帶一提，修行中的僧侶其實沒有所謂的休假。因為根據禪修的理念「行住坐臥」，生活本身就是一種修行，取而代之的是「四十九日」。

四十九日，是僧侶修剪指甲、剃髮、縫衣服等的日子，往昔連洗澡都限定在四十九日這天才能洗。儘管要做的事情數不清，稱不上真正的休息，但是透過打理儀容、整頓生活，使身心獲得梳理，能夠以嶄新的心情迎接下一次的修行。所以，不需要對休假什麼事都沒做產生罪惡感，只要將禪的智慧和教誨融入生活，**休息也能成為一種充實的修行**。

**禪思考**

你現在的休息，是為了未來的自己。但也別忘了「一行三昧」。與其一味地放空，不如動動身體、做點簡單的勞動，讓身心得到真正的放鬆。

## 煩惱：因為育兒減少工時，讓人好有壓力

因為育兒的緣故，我跟公司申請減少工時，但總覺得自己給上司和同事造成困擾，最近嘴上總是掛著「對不起」。

當你看著同事還在加班，只有自己提早離開，心裡難免會覺得有點不太好意思。

或是上司為了你調整工作量時，可能會擔心自己是不是給別人添麻煩了，而在意對方的反應。我確實聽過不少人這樣分享。

無論是育兒還是照護家人，都是當代社會面臨的重要課題。而減少工時正是為了這樣的需求所設計、義務化的制度。只要符合條件，誰都可以申請。就企業而言，在人力吃緊的現在，與其讓優秀的人才因育兒或照護而離職，不如讓他們縮短工時，繼續投入工作，對公司

才是有利的。

不過，儘管聽起來很有道理，身為當事人的你，恐怕還是深感內疚、難以釋懷吧。事實上，不只你會在意，支援你的那一方也有壓力，像是「因為對方縮短工時，導致我這邊的工作量增加了」等，衍生出新的煩惱，雙方各有各的苦衷。

那麼要怎麼做，才能讓彼此懷抱著愉快的心情互相扶持呢？

第一步就是要理解對現階段的你來說，減少工時是必要的工作型態。你是為了育兒而調整工作時間，不是為了玩樂。也就是說，縮短工時並非為了圖個人的方便，而是履行育兒這個對社會來說極其重要的責任。如果你對此目的有明確的認知，心情自然也會相對踏實、輕鬆許多。

另外，常常掛在嘴上的那句「對不起」，是不是也能換成別的說法呢？

如果真的需要同事幫忙分擔工作，或孩子突然生病需要早退去接小孩時，請放心開口尋求協助。只不過，**與其說「對不起」，不如說「謝謝」**。「謝謝」比「對不起」更能讓對方開心，也能安撫自己的情緒、減輕壓力。

更重要的是，雖然你現在是接受幫助的一方，但將來一定也會成為協助他人的那一方。又或者說，現在協助你的人，有一天或許會變成需要接受幫助的人。這就是人生的道理。

雖然你覺得造成身邊同事的困擾，無法立刻彌補，而充滿愧疚和罪惡感；但等你將來回到全職的工作崗位，或許你能幫助另一位減少工時的同事。這不也是一種回報嗎？

「諸法無我」是佛教的核心思想之一。這句話的意思是世間萬物彼此相互依存，沒有東西能夠單獨存在。人也一樣，我們一方面既依賴他人，另一方面又為他人所依賴。我們能活著，正是因為有別人的助力。減少工時的經驗，應該能讓你對互助互惠的道理有更深刻的體會。

「諸法無我」這個道理，不只是目前接受協助的人需要理解，對那些協助他人的人來說，也同等重要。

那些從未縮短工時的人，可能會覺得自己總是在付出，心中難免會感到有些不平衡。但別忘了，哪天換你生病、受傷，或是需要照護家人時，你也會成為那個需要被幫助的人。只要活得夠久，終有一天能體會到「諸法無我」的個中滋味。

我們一直以來都活在彼此扶持、相互依存的關係中。過去如此，未來也不會改變。讓自己感受一下互助的恩情與珍貴吧。

你默默付出、幫助他人，就算沒有人看見你的努力，佛陀一定也會看見的。

佛教把這樣的付出稱為「積累功德」，其中又以不張揚、不求回報的積陰德，更為崇高可貴。

一般人付出點什麼時，可能會忍不住想邀功、拉抬一下自己：「還不是因為有我的幫忙。」但佛法教導我們要放下這樣的煩惱。因為唯有放下，才能讓內心變得如佛一般淨無瑕穢、沒有一絲塵埃。別擔心，你的努力與付出，佛祖都看在眼裡。你所累積的功德，在未來會為你帶來良緣與福報，無庸煩惱。這正是所謂「諸法無我」的運作機制——對人好，就是對自己好。

假如你內心仍然浮現「好像吃虧了」的念頭，不妨轉個念：「我這是在累積功德。」吃虧只是單純的失去；但若是累積功德，那將成為你人生的資產。功德累積得越多，等到哪天你遇到困難，就能理直氣壯地向人請求協助，如此一來，幫助別人就不再是虧本的事情。為了他人的幸福，同時也為了自己的幸福，請持續累積功德吧。

**禪思考**

與其一直說「對不起」，不如說聲「謝謝你」。現在的你，是接受幫忙的一方；未來總有一天，也會成為給予別人協助的那一方。假如你現在正在幫助他人，不妨把這份付出當作是在累積功德。這些功德，總有一天會回到你身上。

## 煩惱：想一個人靜靜，真的獨處時又定不下心

雖然很珍惜和親朋好友共度的時光，但有時也會想：「偶爾想偷偷請假不說，一個人悠閒一下。」然而，就算真的請假，一個人獨處了，心裡還是靜不下來，不斷想著：「大家都在工作。」、「孩子還好吧？」

不管人際關係充滿再多的愛與尊重，彼此再怎麼相互扶持，只要是無法逃開的關係，痛苦的產生便不可避免。「與越多人產生連結才是好的」、「孤獨是不好的」這種刻板印象，在許多人心中根深蒂固，社群媒體之所以容易帶來壓力，就在於此。

禪的思考恰好相反。人自呱呱落地到離開人世，都是孤獨一人，孤獨才是自然的狀態。但與之同時，人類卻又無法孤單一個人，若無

法待在群體當中，便會感到不安；家庭的溫暖與安心感無可取代。

人天生孤獨，卻無法孤立而活。我們要如何在這矛盾當中好好活下去呢？

答案是：在社會中建立良好的人際關係，不讓自己孤立，並主動去體驗孤獨。

孤獨將成為人生中最奢侈的享受。孤獨是奢侈的，乍聽之下或許難以相信，但請試著這樣想。

舉例來說，當你靜靜地一個人獨處時，才能真正體會家人和同事的可貴。正因為他們沒在身邊，才能深切感受到平日陪伴的溫暖。又或是，當你需要重新定位自己，尋找未來的人生道路時，有時必須暫時跳脫這個資訊氾濫的社會。

佛陀曾說：「要像犀牛角一樣，獨自遊蕩。」

跳脫塵世的喧囂，獨自前行，正是佛陀所言的「孤獨前行」。**在這樣的孤獨時光當中，真正的「自己」才得以獲得修復、重新塑造、**

**再次確立**。這段孤獨的時間，一點也不寂寞哀傷。當你獨處時，請不要去想其他人的事情，切勿把焦點放在不安與寂寞上，而是好好反芻日常生活裡那些值得感謝的事物。

在現代社會，對很多人來說，找出時間獨處都是個問題。如果可以一個人外出，那當然是最好的，但如果想請假獨處，往往會因為種種顧慮最後作罷。

假如你平時住在市區，不妨試著在週末讓自己投入大自然的懷抱。清晨，在人煙稀少的公園散散步，也能舒緩心靈。散步時，也很適合一邊思考自己的人生方向。

即使家中有家人，職場上有同事，但家與職場之間的通勤時間，也可以算是屬於自己的孤獨時光。偶爾中午自己一個人靜靜地吃午餐，也別有一番滋味。

「白雲抱幽石」，這句禪語出自唐代僧侶寒山，描繪天空飄著白色的雲，白雲溫柔地環繞著幽深的巨石。在那裡，沒有一絲孤獨寂寞的哀傷，只有悠然自得的寧靜。

雖然現代人難以像寒山一樣隱居山林，享受大自然悠悠自在的景色。但無論身在何處，內心都是自在的，能自由地享受孤獨。我彷彿已經可以看見，你享受孤獨、寧靜自適的模樣。

**禪思考**

在禪的觀念中，獨處是一件非常棒的事情。一個人的獨處時光，無須感到不安或寂寞，請藉此細細體會周遭人的可貴，並思索自己未來的人生方向。孤獨，並非寂寞。請主動追求並品味人生最奢侈的享受——孤獨。

# 對人生充滿無力感

**煩惱：無論做什麼都事與願違**

無論是工作還是私生活，總是處處不順。我已經不知道該怎麼辦了。是不是我做了什麼壞事，才會變成這樣呢？

無論做什麼都不順利，只想窩在家裡不出門。你大概是陷入了所謂「人生有高有低」裡的低谷吧。你看起來相當低落，但事實上，低谷是生命無可避免的一部分，是人生的必經過程。

值得慶幸的是，低谷之後，高峰一定會到來，這是人生的定律。正如人生不可能總是一帆風順，當然也不會永遠做什麼都事事不順。

人生如同「行雲流水」。人生跟雲在天空飄、水在河裡流是一樣的不停變化。希望你遇到困難也能不動搖，抱持著「先放著不管，總有一天會好轉」的心態面對。

即使如此，你可能會說：「在低谷掙扎真的很痛苦。」是的，但光是煩惱也無濟於事，什麼也不會改變。

請試著換個角度想想，也許正是低谷的經驗，才讓你得以成長茁壯，一次又一次地蛻變成更強大的自己。登山也是如此，出發的谷地越深，登上山頂時的感動也越大。當你用全身擁抱遼闊壯麗的景色時，應該能深刻地感受到「撐過來真是太好了」。正因為經歷過艱難時光，才讓我們更懂得珍惜幸福的時刻。

然而，如果你一味地認為：「做什麼都不順利，都是我的問題，一定是哪裡做錯了什麼。」這樣想只會讓自己的腳步越發沉重，心靈也日益萎縮。況且以那樣的前提出發，再怎麼苦思冥想，恐怕想不出半點東西。

「遭逢災難時，就坦然地面對災難；死亡來臨時，順其自然地離開。這才是避開災難的妙法。」

這句話出自江戶時代的良寬禪師，他在發生大地震後，在慰問友人的信函中寫道。

意思是，遭遇災難時，就坦然面對；死期來臨之際，就安然離去。越是抗拒，內心越是痛苦萬分。無論眼前發生什麼，只要順其自然地如實接受，內心自然不會被攪亂動搖。這才是避開災難真正的智慧。

把這樣的話送給遭逢災難的朋友，聽起來或許有些殘酷，但它確實傳達了禪的精神。**當我們遇上不可避免的災難時，第一件事情是先接納它，而不是問「為什麼」**。接受現實之後，心情自然變得積極正向。更重要的是，不要逃避，正面迎接挑戰，如此能讓你獲得更多的成長。有了這個經歷後，當身邊有人也陷入類似的困境時，我們便能夠同理說：「我懂你的心情。」甚至可以提供建議：「你或許可以試著這樣想想看？」讓你變得更能體會他人的心情，成為一個更加成熟、有深度的人。

此外，我們也可以這樣理解：如果人生總是一帆風順，反而容易讓感恩的心逐漸麻痺，將一切視為理所當然，感動也失去光采。所以說，人生的喜悅，其實與那些不順遂的時期、迷惘的時期密不可分。我們必須一邊掙扎，一邊不放棄地一步步從谷底攀向山頂。只要能竭盡所能地活下去，做自己該做的事，人生就過得夠精采了。

換句話說，人生的低谷，正是學習感恩的絕佳時機。其實，修行中的僧侶也是一樣。修行的生活每一天都忙得焦頭爛額，根本沒有餘裕去想什麼「好煩喔，我不想做了」，因為吃不飽、睡不好，甚至無法自由伸展雙腿的生活日復一日。

三個月下來，光是營養不良造成的腳氣病，體重就足足少了十公斤。不僅身體疼痛不已，精神壓力也非常大。現今的修行已經不像過去那麼嚴苛，但過去打罵是家常便飯，幾乎沒有任何事情能按自己的意願進行。

然而，經歷過那樣的修行之後，心境真的會截然不同。想睡的時候睡，累的時候就躺下來，可以伸直雙腿、自由交談，這些看似理所當然的事情，都變得無比珍貴、感受深刻。一直以來習以為常、視為理所當然的事，心態改變了，就會顯得特別「可貴」，凡事都充滿感恩之情。瞬間，世界彷彿煥然一新。

比方，你雖然覺得工作不順利，但每天還是三餐溫飽；生活在安全的地方，有舒適的床鋪可以安心入睡；家人都很健康，快樂地生活在一起；身邊還有可以傾訴煩惱的朋友。

當你處於人生谷底時，請試著細數自己身邊擁有了多少的「恩惠」。你就會發現，其實並不是什麼事情都不順，身邊盡是值得感謝的事物。當你心裡能夠這麼想的時候，會發現現在身處的地方充滿著溫暖。

**禪思考**

不要一味地尋找事事不順的原因，而是先接受眼前的現實。因為，人生的低谷，正是學習感恩的最好時刻。

## 煩惱：不知道該怎麼安慰受苦的朋友

當朋友生重病受苦時，我能為他做些什麼呢？我找不到可以安慰他的話，覺得自己很對不起他，充滿無力感。

以家人或伴侶罹患重病為例，假如你是醫生，應該會詢問病人是什麼樣的症狀折磨他，接著進行檢查，並尋找治療的方法。但非醫療專業的你，既無法治療對方的疾病，也無法代替朋友承擔痛苦。那種無力感，確實讓人痛苦萬分。

面對獨自一人承受著苦難的朋友，你能做的大概只有陪伴了。但所謂的「陪伴」，到底是什麼意思呢？

有時陪伴，或許只是靜靜地傾聽朋友訴說；有時或許什麼也不說，默默坐在朋友身旁，就是最溫柔的支持。人在痛苦萬分的情況下，即使想表達那個感受也需要時間。面對深受折磨的人，應對的方式沒有絕對的標準答案。有時，讓對方一個人靜一靜，反而才是真正的體貼溫柔。

總而言之，痛苦時沒有所謂「這種情況，就該這麼做」的萬靈丹可以使用，別人的痛苦更是如此。我們無從得知什麼時候該說什麼話、什麼時候該伸出援手、什麼時候該靜靜在一旁守候，一切都沒有標準答案，唯一可以確信的是，我們無法百分之百理解別人的痛苦。如果輕率地說出「我懂你的痛苦」，反而可能讓人產生反感，「你又懂什麼！」地遭到對方拒絕。

就算這樣，我們依舊可以努力地去理解對方。身邊有個人努力想理解自己，這件事情本身就能成為心靈的支柱。

這時，正是你的人生經驗派上用場的時候。

孔子曾說過：「己所不欲，勿施於人。」這句話體現了人際互動中不可或缺的精神——恕。恕，就是體貼他人、慈悲待人的心。你一定也有被人傷害，或受到他人溫暖對待的經驗。所以，重點就在於下定決心不做自己討厭的事，去做能溫暖人心的事情。你截至目前的人生歷練，都將在這裡接受考驗。

請回想自己經歷過的痛苦經驗。根本不了解情況的人所給的建議，曾讓你感到非常煩躁吧？有位信徒曾對我說：「當年，公司同期的同事或朋友的父母過世時，我總是不知道該怎麼開口安慰他們。」

但他也說道：「直到自己送走了父母之後，才真正明白遺屬的心情，也知道該怎麼安慰別人了。」自己沒有經歷過的事，很容易覺得那是別人的事，跟自己無關，那是人之常情。即使想說些「好話」，也往往無法說進對方的心坎，尤其面對疾病、生死這類情況更是如此。但假如你努力回憶過往的經驗，把對方說的話當成自己的事情，一同悲傷、一同喜悅，這正是道元禪師所提倡的「同事」精神。

如果人生經驗還不足，只能從對方的眼神、動作、語氣中體察心情。就算這樣，你也絕對不是沒用的存在，因為你做到了努力去理解對方這件事。靜靜等候對方開口，不輕易打斷對方的話，也是一種努力。當你有聽不懂的地方時，先全然接受對方所說的話，接著詢問：「你是這個意思嗎？」如果真的不知道該怎麼安慰對方，也可以坦率地告訴他：「我不知道該說什麼才好。」即使說不出漂亮的話，這份為朋友著想的心，也一定能傳達給對方。

請切記，當你找不到適合的話語時，無須勉強自己多說什麼。

請你想想，深受信徒敬仰、象徵慈悲的觀音菩薩，祂能做什麼呢？祂所做的，不過是靜靜地待在那裡而已。「觀音」的觀是「觀看」，音是聲音，也就是「傾聽」對方的意思。換句話說，觀音菩薩能聆聽人們內心的聲音，傾聽他人的煩惱。祂的「慈眼」，是一種將他人的痛苦當作自己的事情來看待，嘗試理解並予以協助的溫柔目光。

僅僅陪伴在身旁，當然無法讓朋友的病痛痊癒。但是**對身陷苦難的人來說，「有人願意理解我的痛苦，而且溫柔地看著我」，這件事情本身就能帶來某種程度的救贖與慰藉**。

**禪思考**

你或許無法治癒他人的病痛，但是當你懷抱「慈眼」，將他人的苦難當作發生在自己身上的事，陪伴在對方身旁，就能為人提供撫慰。

## 煩惱：好友年紀輕輕就過世了，我的心好像破了個大洞

我有一位好友，年紀輕輕就過世了。明明他才說：「我還有很多事想做，還不能死呢。」沒多久就走了。相較之下，我沒有什麼夢想或目標，卻還活得好好的，想到這裡就讓我難以釋懷。

你是否曾經這樣想過呢？「如果那個人現在還活著，他會想做些什麼？」

那個人的肉身已經從這個世上消失了，但是他仍然活在你的心裡。

佛教認為「人會死兩次」。第一次的死亡，是當出生之際的命定壽命已盡、身體消失的那一刻；而第二次的死亡，則是當留在人世的遺屬、親朋好友，甚至生前熟識的人們，心中對故人的回憶逝去之

際。也就是說，只要活著的人心中，仍有那個人的回憶，那個人就能夠持續活著，避開第二次的死亡。

正因如此，活著的我們肩負著一項重要的責任——**讓逝去的人持續活在心中，避免他經歷第二次死亡**。家中供奉佛壇的用意正在於此。每天供上一點心意、點燃一炷香、合掌一拜，都是與心中故人對話，讓他們繼續活在我們生活裡的一種方式。

你送走了那位說著還有很多想做的事情的摯友。被留下來的人總是被迫面對「該如何接受摯愛離去？」、「該如何撫平悲傷？」、「往後的人生，又該怎麼走下去？」等問題，但同時我們也不能忘記，活著的人還有一項重要的職責，就是讓逝者活在我們心中，與他一同繼續活下去。例如，與其他認識逝者的人聚在一起，聊聊他的往事，也都是實踐職責的好方法。

假如你跟逝者之間有「未了之事」，或許可以由你代為完成。

我曾建議一位喪偶的信眾：「不妨像故人仍在你身邊那樣生活吧。」例如，一起聽他喜歡的音樂、參加他每年都會去的活動、和他的照片一起吃飯等。很神奇的是，這樣做心中會覺得故人彷彿跟生前一樣，從未離開，依然和你一同生活著。

**我們確實能夠與故人一同生活，正因如此，也才能夠「讓故人繼續活著」**。

在與故人一同生活的過程中，悲傷與無力感會逐漸獲得療癒，被留下來的人也能逐漸明白自己該做些什麼。

我無法斷言，該用何種基準來評斷一段人生是「好」還是「壞」，但有一點非常確定——我們總希望自己在離開人世之前，能說出「我一生活得沒有任何遺憾」這句話。

你說自己沒有夢想，也沒有目標，而好友卻留下「我還有很多事想做」的遺憾離開人世。你要從他的人生中學到什麼，是你的自由，但我衷心期盼，你從今以後能過著不留遺憾的人生。我認為，這就是連同他們的分一起努力活下去的真正意義。

**禪思考**

跟故人一起活下去。讓故人持續活在心中，是活著的人應負的責任。總有一天，悲傷與無力感會逐漸獲得療癒，化為繼續往前走的力量。

# 當情緒綁架了我

## 煩惱：討厭覺得孩子很煩的自己

孩子正處於叛逆期。我明明用滿滿的愛，細心呵護他長大，他卻不懂得感激，最近成天回嘴：「煩死了」、「不關你的事」。當孩子不斷說出這些難聽的話，就算是自己的小孩，也覺得他好討厭，對這樣的自己感到厭惡。

當你心裡抱持著父母的愛是天經地義的想法時，便很難原諒對孩子產生負面情緒的自己。你心中的掙扎，絕不是什麼奇怪的事情，任何人都可能產生這樣的情緒，是很自然的現象。正因為親子關係非常親密，才更容易出現這種內心掙扎。

當然，大多數的父母都希望孩子能夠過得幸福、快樂成長。但隨著孩子逐漸長大，他們自然會與原本緊密的親子關係開始拉開距離，邁向獨立自主，這才是真正健全的成長。從這個角度來看，做父母的不該期待孩子永遠按照自己的意思行動。更何況，住在同一個屋簷下，相處的時間長，生活中一些微小的價值觀差異，也很容易被放大。有人說「明明是親子，我卻無法對孩子溫柔」，但其實正因為是親子，才有那麼多讓人無法溫柔的理由。

父母對孩子感到煩躁的另一個原因，就是有時會無意間把孩子拿來和自己比較。

例如：「這件事情我做起來明明很簡單，為什麼這孩子卻做不到？」、「如果是我的話，早就把東西收拾乾淨了，為什麼他還沒動手？」

這種比較的想法，源自於心中一種潛意識——「如果是我，我會怎麼做」，這其實是將「如果是我」的標準強加到別人身上。親子關係最容易產生這種錯誤的期待，因為父母容易覺得孩子是自己的一部分，難以清楚畫分「我是我，別人是別人」的界線。但不論你再怎麼疼愛孩子，他都是一個擁有獨立人格、應當給予尊重的個體。即使父母對孩子付出再多的愛，也不能保證孩子一定會選擇父母所期望的人生道路。

其實，叛逆期正是孩子自我發展逐漸成熟的表現，是值得為他們慶祝的一件事。孩子已經開始自主獨立，準備脫離對父母的依賴。在這個階段，父母不該強行挽留，是該準備放手的時候了。

首先，第一步就是必須學會區分「我是我，孩子是孩子」。房間亂七八糟、功課沒寫、賴床早上起不來，提醒一次就好，接著就讓孩子自己承擔後果。假如孩子因此遇到什麼問題，讓他自己來解決。

父母不需要事先幫孩子排除所有困難和挑戰。父母真正該做的，是在孩子遭遇到困難，或主動尋求協助時，適時地伸出援手，其他時候則應該選擇放手，相信孩子，讓他一步步學會自己面對並成長。

想做到這樣，就必須學會不求回報。

人們總是無意識地期望自己的付出能得到回報。期望有回報時，心裡會想著：「我這麼愛你，你為什麼不聽我的話？」因此當孩子的表現不符合自己的期待，就會產生不滿。

但你養育孩子，真的期待有什麼回報嗎？你最希望的，不就是孩子能過得幸福快樂嗎？這才是你最大的願望，不是嗎？當然，身為父母，能從養育孩子的過程中體會到什麼是幸福，以及許多美好的經驗，但同時，也必須開始學習面對子女獨立、父母放手的那一天。

有句禪語叫「無功德」。

中國梁朝的武帝非常虔誠，在位期間建造了許多寺廟，致力於推廣佛教。有一天，他向中國禪宗的初祖達摩祖師問道：「我努力弘法不遺餘力，會有什麼福報呢？」達摩答道：「無功德。」也就是說，什麼福報也沒有。**在禪的觀念裡，真正的善行是不求回報的；當你起了想要回報的心，那就不是純粹的善行了**。

孩子總有一天會離開父母，父母也終究得學著放手。養育孩子，無功德。如果能以這樣的心態來看待生兒育女，或許反而更能讓做父母的心靈保持平靜。

**禪思考**

有時無法溫柔對待自己的孩子，也是很正常的事。在當你因為得不到回報而感到厭煩之前，不如慶祝孩子進入叛逆期，並做好放手的準備。

## 煩惱：覺得工作比育兒重要的我，有問題嗎？

可能是因為自己開公司吧，老實說，對我來說，工作比育兒更重要。我請了保母，照顧孩子的工作都交給保母，但我卻不時被其他爸爸朋友或媽媽朋友用異樣的眼光看待，他們的表情彷彿在說：「怎麼會有父母不自己帶小孩？」確實，我可能不像其他父母那樣有愛心，而且坦白說，我不覺得和孩子玩耍有什麼樂趣可言。

你不需要強迫自己去迎合社會定義的「好父母」形象。你可以用自己的方式成為父母。

就養育孩子來說，「愛」究竟是什麼呢？

比方說，有時我們從新聞上看到虐童事件，會聽到一些聲音說：

「生了孩子，未必就會湧現出愛。」在媽媽天生就有母愛的社會氛圍之下，也有人因為對孩子產生不了愛，又無從尋求協助，只能一個人默默地責備著自己。甚至也有人認為都是因為孩子，自己不得不放棄事業。

我認為，假如你內心深處「想愛孩子，卻無法真心愛他」的情緒強烈，那麼，只能坦然地接受這樣的自己。每個人都有各自的人格特質與價值觀，也因此每個人都有屬於自己「為人父母」的模樣，沒有必要大家都一樣。

只要內心清楚明白：「即使沒那麼愛孩子，我還是有身為父母應盡的責任，也有能為孩子做的事情。」這樣就已經足夠。有一百個人，就有一百種父母的模樣。只要用自己的方式，陪伴孩子成長就好。假如經濟上相對有餘裕，能夠請保母來減輕自己的壓力，也算是你身為父母為家庭做出的妥善安排。

**不需要因為自己不符合社會標準中好父母的形象，就責備自我，找到自己可以做的事情，盡力去做就好。**

而且，不只是好父母，我們常常也會拿自己去和那些所謂「好上司」、「好丈夫」、「好妻子」、「好大人」等社會標準相比，然後一邊比較，一邊評價自己的好壞。

禪提醒我們，這樣的比較有害無益，要慎防。因為一旦開始比較，就會不自覺地「相比之下，我根本……」而產生嫉妒、自卑、怨懟、憤怒和憎惡等負面情緒。

禪倡導的精神是：放下比較，如實地活出自己，既不比別人好、也不比別人差的自己。說穿了，好父母只是種幻想，世上根本沒有人能百分之百符合好父母的標準。

而且，就連僧侶也有所謂「好和尚」的想像。好和尚的形象大概就是溫和穩重、滿腹智慧、無求無欲的禪僧。但事實上，歷史上許多受眾人尊敬的高僧，其實都是生活相當放蕩的「破戒僧」。這裡我想表達的是，不論是好父母還是高僧，現實中的模樣，和人們腦袋裡的形象往往是兩回事。你只需要用自己的方式，盡到身為父母應盡的責任，就足夠了。

**禪思考**

社會所描繪的「好父母」形象，其實根本就不存在。你只需要用自己的方式，成為父母就可以了。

## 煩惱：有時，我竟然會希望父母趕快死掉

我待在家中照護年邁的父母，他們出現失智的徵兆，已經不是我一個人能負荷的狀況了。雖然內心的確想要竭盡所能地照顧父母，但有時也會閃過這樣的念頭：「這樣的日子到底要持續到什麼時候？」、「他們能不能快點死掉呢？」我真的覺得身心俱疲。

照護的問題，是連說出口都現實到讓人悲痛不已的社會問題。照護的壓力有多大，不用說旁人一看便知。如果是照顧尚在成長中的孩子，或許還能抱持著希望：「辛苦日子總有一天會結束。」但是當家人罹患重病、難以恢復健康時，便很難寄予這樣的期望。尤其是當父母出現失智症狀，逐漸失去原本的模樣，甚至出現語言暴力或

肢體攻擊時，靠著「愛」一個字，實在很難撐下去。

我想要告訴你的是，不需要責怪那個偶爾會浮現負面念頭的自己。**如果你說出一些難聽的話，又為此感到後悔，正是因為你的本性善良**。

儘管如此，當你已經身心俱疲，甚至被逼到希望爸媽早點死掉的地步時，所需要的並不是反省或審視自己，而是第三方的具體協助。別再獨自一人承受照護家人的重擔了。

把父母交給專業的機構來照護，對許多人來說，並不是個容易的決定。

「想待在家裡，希望孩子能照顧自己」，有這種想法的長輩很多，為了滿足這樣的期待而努力的兒女也不少。有時兒女甚至會受到旁人的指責，「把父母送進安養院太可憐了」，使他們產生罪惡感。

當然，如果能不倚靠他人的協助，自行承擔照護的工作，那當然最理想。但是，當照護責任壓在身上已經超出極限時，你對父母的愛可能會轉變為怨懟，甚至導致更糟糕的結果——親子兩人雙雙倒下。

為避免這樣的悲劇發生，我認為善用短期照顧或日間照顧等服務，不但能提供被照護者更完善的照護，也能讓你喘口氣，反而有助於實現更穩定、更良好的長期照護。如果你真心想為對方提供最好的，也請將借助專業的力量納入選項之中。

長照保險制度本來就是為了避免照護家屬陷入孤立無援的處境，讓社會整體共同分擔照護責任所設立。因此你完全不需要對使用這項制度有任何猶豫。你可以先使用一週幾天的短期照護服務，讓自己有時間喘口氣。這絕對不是偷懶，而是為了打贏照護這場長期戰役的「生存策略」。

也有人會想：「既然如此，不如直接把父母送到安養院，交給專業不是最好的嗎？」但我認為那樣做有點操之過急。真正理想的方式，應該是透過外在專業的協助，讓家庭成員與被照顧者可以同住，或是住在彼此容易互動、交流的距離，平時可以一起吃頓飯、一起散散步。

為什麼這麼說呢？主要是為了讓家屬能夠實現無悔的照護。在新冠疫情期間，為了防止疫情蔓延，安養機構大多限制探視。許多家屬都曾無奈地表示：「我們無法探望住在安養機構的父母，只能透過視訊來交談。」甚至有人因為這樣，未能在家人過世前見上最後一面，這種離別的方式實在令人悲痛。再者，若無法好好道別，被留下來的家屬也無法整理好情緒，從失落與悲傷中走出來。

另一方面，確實也有不少家屬說：「雖然照護父母很辛苦，但是我很慶幸能夠陪他們走完最後一程，我沒有遺憾。」、「能盡孝道，真的覺得很好。」就我實際接觸過的案例來看，那些一邊使用照護資源，一邊親自參與照護的人，在送走親人之後，神情多半顯得坦然平靜。或許正是因為他們覺得「身為家人，我做了該做的事」，內心滿足、充滿踏實感吧。

此外，不能太早把人送進安養機構的另一個理由，則是為了被照顧者。我常聽人說：「把爸媽送進機構後，失智症突然惡化了。」安養機構對被照護者來說很方便，吃飯、洗澡都有專人照料，但也因為太過舒適，反而減少了他們自己思考和行動的機會。大家都說健康長壽的祕訣，就是能做的事自己來，還真是如此。

為了避免出現這樣的情況，家人應持續與被照顧者互動，維持他們生活的動力和自立。我也時常聽到照顧者分享：「使用照護服務後負擔減輕了，也重新找回對父母的感恩之情。」

如果你真心想為父母盡己所能，做到一切能做的，從現在開始請一起來思考，找出一種輕鬆沒壓力、也能善盡照護父母責任的好方法。

**禪思考**

不是你的個性有問題，而是你缺乏足夠的支持。照護的路還很長，別把自己逼到絕境，一起追求無悔的照護吧。

## 煩惱：想改掉愛嫉妒別人的壞習慣

我常常對不努力的自己視而不見，跑去挑別人的毛病，「那傢伙根本沒什麼了不起」，最後讓自己陷入更深的自我厭惡。

羨慕、嫉妒、憎恨、憤怒……這些負面情緒，有時就像烏雲一樣盤據在我們心頭。

嫉妒，追根究柢或許是從「他好厲害」這種憧憬、敬佩之情開始的。能幹、有錢、住豪宅、開名車，讓人不禁「真好……」地羨慕起來，但只要開始想到「跟他相比，我……」，這份憧憬就會變質為嫉妒，覺得自己比不上別人。

羨慕是人之常情，是每個人都會產生的情緒，很自然的反應。然而，當羨慕變成嫉妒，人就很容易陷入泥沼。如果還因此自怨自艾，覺得「反正我再怎麼努力也贏不了對方」，更會難以從嫉妒的情緒脫身。要是開始想著怎麼扯人後腿時，恐怕真的是病入膏肓了。

在這裡，禪勸導我們，試著把負面情緒轉化為正面能量。不要在心裡不停咕噥著：「為什麼那傢伙運氣這麼好，可以找到好工作」、「為什麼那傢伙能賺那麼多錢」，淡淡地帶過就好，例如：「他工作能力真好呢」、「那個人滿有錢的」。最重要的是鼓勵自己：「他做得到，沒道理我做不到！」**讓嫉妒進一步化為激勵**。只要將嫉妒化為激勵，促使自己付諸行動，就是自我成長的開始。像這樣，一點一點拉近與令你嫉妒的人之間的距離，就可以了。

把嫉妒轉化為激勵的開關，就是一句話：「恭喜你，我也會加油的。」一看到別人表現亮眼、成果豐碩時，先開口恭喜對方吧。人天性懶惰，要對抗怠惰心，需要像這樣養成說話和行動的習慣，來約束自我。

另一個關鍵則在於，不要逃避心中嫉妒的對象。將對方視為良性的競爭對手，把嫉妒轉化為求進步的動力，促使自己不斷成長。

而且，仔細觀察那個讓你嫉妒的對象，有時能幫助你釐清自己真正想走的道路。**人之所以產生嫉妒，通常是因為對方和自己有不少共通點**：在同一間公司、從事類似的工作、年齡相仿、成長背景相似等。你的內心常常不由得升起這個念頭：「我也想變得跟他一樣（我覺得自己有機會做到，卻始終做不到）。」如果把這份能量拿去說人閒話、扯後腿，甚至試圖陷害他人的話，實在太浪費了。別忘了，你才是自己人生的主角。與其耗費力氣介入別人的人生，不如花點時間思考：自己想活出怎麼樣的人生。

這裡還是再補充一下，禪的核心精神，最終還是強調「我就是我，別人是別人」，彼此不該相互比較。因為所有的負面情緒，都是從比較開始的。一旦看見比自己更成功、更有錢、更漂亮的人，當心中產生「跟那個人相比，我根本……」的念頭時，就會產生自卑、自我否定，甚至怨恨那個讓自己感到不如的人、想陷對方於不利。

要避免這種情況，唯一的方法就是放下比較，如實地活出自己，既不比別人好、也不比別人差的自己。

在這方面，大自然是我們最好的榜樣。像是貓狗等動物，牠們沒有嫉妒這種情緒。牠們想睡就睡、想吃就吃、想活動就活動，從不拿自己跟別人相比，只是如實地活出自己獨一無二的生命而已。

但人類畢竟是會思考的動物，要我們完全放下比較，或許有點困難。既然如此，至少要善用比較。所謂的活出真正的自己，並不是說完全不需要去努力或成長，而是放下那些無法幫助自己成長的無意義的比較。

既然要比較，別跟別人比，拿現在的自己跟過去的自己比較吧。

例如：「是不是因為比較熟悉工作了，就少了當初的緊張感？」、「嘴巴講說『將來想成為○○○』，卻在現在該努力的時候偷懶？」像這樣，不依靠第三者，而是親自檢視自己的行為。這麼做能讓真實的自己變得更加閃耀。

禪語中有句話叫：「照顧腳下。」這句話雖然也常用來表示把鞋子排整齊，其實真正的意思是在提醒我們：若看不清自己的腳下，就無法走好人生路。只有人類會被嫉妒給吞噬，弄得自己全身是傷，甚至傷害他人；但**也唯有人類，能善用嫉妒，將之轉化為成長的力量**。

**禪思考**

只有人類會拿自己去跟別人比較，而感到痛苦。但也只有人類，能將嫉妒之火，化為自身成長的力量。

# CHAPTER 4

# 釋放罪惡感的禪說話

# 八風吹不動：不為任何風所動搖

佛教把動搖人心的各種情況，比喻為「風」，將八種動搖人心的情況稱為「八風」。

具體來說，八風分為四種「順風」：利（成功）、譽（獲得名譽）、稱（受到稱讚）、樂（快樂）；以及四種「逆風」：衰（衰敗）、毀（遭到誹謗）、譏（遭受中傷）、苦（痛苦）。

我們不能為這些風所擾動。「八風吹不動」的意思，就是不讓內心被這些風動搖，保持內在的平靜和安定。

罪惡感，也可以算是擾動人心的一陣風。

「做了不好的事情」、「傷害了別人」、「我的行為是否不對」等，這些感受都是人之常情。如果想完全去除罪惡感，或是假裝看不到，反而會使罪惡感變得更加根深蒂固，內心越是疲乏無力，再也無法前進。

與其如此，不如坦然接受罪惡感，思考自己今後該怎麼做，並實際採取行動。這麼做，就不會時時刻刻都被罪惡感給纏住。「啊，我現在之所以產生罪惡感，是因為……」，請從容平淡地接受自己的情緒，然後讓這股風轉化為成長的助力。

水泥柱看似堅固，實際上無法吸收衝擊，反而脆裂。但竹子即使在強風中被吹彎了，狂風過後又回到原位、完好如初。真正折不斷的心，就該像竹子那般，即使被風吹得東倒西歪，也能很快回到原本的位置；又或是，努力讓內心擺盪的幅度降低、縮短時間。

# 萬法歸一：所有苦難終將過去

世間萬物最終都會回歸到一個真理。換句話說，沒有什麼是永恆不變的。

無論是痛苦、悲傷、後悔，還是幸福與快樂，都不會持續一輩子。這個世界充滿無常，一切都不斷在變化。

只要我們努力活在當下，情況終會發生轉變。正如「禍福如繩交錯」所說，禍與福，就像糾纏在一起的繩索交錯著。塞翁失馬，焉知非福；離別之後，總會有新的相遇。這正是人世間的真相。

當我們身處幸福之中，總希望這份幸福永遠不會消失，但這樣的願望絕對無法實現。倘若如此，現在折磨著你的痛苦和煩惱，也一定會有終點。請你一定要相信這一點。

# 洗心：一天一次，洗滌內心

「洗心」指的是洗去覆蓋在心上的塵埃污垢。洗滌內心、清除污垢，能幫助我們從妄想、執著、不安、憤怒與嫉妒等負面情緒中獲得解脫，這就是禪的基本觀念。

每個人出生時，都擁有佛陀般的清淨之心（生來自有佛性）。只不過人心會逐漸被各種塵垢所蒙蔽，失去了原有的光采，人也因此痛苦不已。很遺憾的是，我們只要活著，內心就會不斷累積污垢。

我們不可以讓佛心，為罪惡感所遮蔽。過去無法改變，但「從過去記取教訓」與「被過去綁架」，完全是兩回事。

正因如此，我們每天都需要洗滌內心。

對我來說，日常的坐禪就是洗心的時刻。一個人靜靜地坐著，反覆丹田呼吸，便能感受到雜念與煩惱逐漸消散。在清爽的早晨坐禪，能讓你一整天都精神舒暢；夜晚的坐禪，則有助於入眠，我也非常推薦。

洗心的方法當然不只有一種。去卡拉ＯＫ大聲唱歌，也是個好方法；看一部喜歡的電影，大哭一場；去運動，揮灑汗水；和朋友一起放聲大笑；或是向親人表達感恩之情，這些全部都是非常棒的洗心方式。

一天至少一次，做一件能讓你覺得身心舒坦的事情。

有句禪語說：「少水常流，則能穿石。」意思是小小一滴水珠，只要天天落下，滴久也能穿開堅石。同樣的道理，每天洗心，把內心逐漸清理為原本潔淨的樣子，回歸初心。

# 主人公：自己真正想要的是什麼？

佛性，也可以說是「本來的面目」。這種出生時最原始的心靈狀態，沒有一絲迷惘，沒有任何執著，充滿無限的可能性。

禪將這樣的自己稱為「主人公」。這裡說的主人公，指的是活出自己真正渴望的樣子，並不是電視劇或電影中的主角。

做自己的主人公，說起來簡單，但做起來並不容易。因為我們經常會拿自己和別人比較，時常在意別人怎麼看自己，或是牽掛過去與擔心未來。我們往往會自己製造出原本並不存在的煩惱與不安，搞不清楚自己到底想要什麼樣的人生。

為了不迷失自己本來的面目，有位高僧經常像這樣反覆自問自答：「主人公在嗎？」並回答：「在。」他又繼續問：「主人公，你醒著嗎？」然後再自己回答：「是的。」據說蘋果創辦人史蒂夫・賈伯斯年輕時曾接觸過禪宗，自此之後，每天早上起床都會對著鏡子問自己：「今天該做什麼？那真的是我想做的事嗎？」

罪惡感或許是自己本來的面目發出的訊息：「我不想過這樣的生活。」既然如此，你真正想要的人生是什麼樣子呢？請仔細傾聽內心的聲音。

# 大聲一「喝」：把心中亂七八糟的情緒統統趕走

我有時會大聲說出「好！」、「來吧！」尤其是在感到疲倦、提不起勁的時候，大聲說話為自己打氣。大聲一喊，腦袋裡的雜念就像被吹走般，整個人都清醒了。說實話，大聲喊出來時，心情真的很痛快。我在誦經時也有類似的感覺。

唐朝的時候，曾有這麼一則故事。

禪僧百丈懷海，有一次被師父馬祖道一禪師大聲喝斥，一喝之下，他竟然整整三天聽不見。但也正是因為師父這一喝，懷海得以擺脫迷惘，豁然開悟。師父大聲一「喝」，把他從迷霧中給喚醒了。

此外，還有一句禪語道：「德山棒，臨濟喝。」臨濟和德山都是唐代的禪僧。臨濟用「喝」來點醒弟子，德山則用「棒」（警策）來指導弟子。

世間的真理本來就很難用言語說明白，但人們總愛用語言去理解，最後迷失於話語之間，迷惘到無法自拔。這時候，禪僧會大「喝」一聲，或一棒打下，是為警策，幫助弟子斷除迷惑。

當你發現自己又在鑽牛角尖、又在懊悔過去的事情時，就對著自己大聲一「喝」吧。你可以跟我一樣，大喊：「好！」、「來吧！」，或是雙手「啪！」地拍一聲也可以。把快溺斃在罪惡感裡的自己，一把拉回此時此刻。

# 無一物中無盡藏：你從未失去任何東西

你現在或許失去了許多東西——愛情、友情、信任、健康、財富和時間等。這些東西往往是在失去後，才深刻體會到它們的珍貴。而且有些東西，一旦失去或錯過，就再也回不來了。

你也許會覺得：「我失去了一切。」

但其實，你並未失去任何東西。

請別忘記，我們原本就是一無所有，也就是「無一物」地來到這個世界。離開人世時，也是一樣。當我們離開這個世界時，原本活著時手上擁有的一切，又會再次回到「無一物」，帶不走任何東西。這樣想，我們只不過是回到原本的樣子而已，不論失去了什麼，也都能釋懷了，不是嗎？

禪的觀點也指出，「無一物」之處，蘊藏著「無盡藏」，也就是擁有無窮盡的可能性。**正因為放下了一切，無限的可能才得以展開。失去一切，意味著你從現在起能擁有一切，成為新的自己**。不妨轉個念頭，重新出發吧。

# 身心一如：身心不一致，讓人心神不安

「身心一如」的意思是，身體和心靈本為一體。

直覺上來看，確實讓人覺得如此。壓力大時，身體容易感到不適；相反的，當身體狀況良好時，心情也會變好，幹勁十足。身體和心靈是無法切割的。

然而，我們有時會不自覺地讓心靈與身體分離。

明知已錯，卻無法說出對不起。

明知該動手做，卻不斷拖延。

這些時候，我們會感到內疚、不自在。此外，像是身體明明很有精神，內心卻疲憊不堪，或是內心雀躍不已，身體卻動也動不了等情況，都是身心失調的現象。當你意識到自己錯了時，請馬上說聲對不起；當你知道自己有該做的事情，請立刻採取行動。不要讓身心分崩離析，才是健康生活的根本之道。

# 柔軟心：一顆柔軟的心，能將罪惡感化為成長的養分

懷抱著罪惡感的人，內心常常是僵硬且緊繃的。「我給別人添麻煩了。」、「都是我的錯，傷害到某個人了。」、「我一定又會失敗的。」、「我這種人，根本不配得到幸福。」

這些念頭的背後，潛藏著這樣的成見：「非得〇〇不可」、「應該要〇〇才對」。說得好聽些，那些或許是人生不可或缺的價值觀；但一旦被這些觀念緊緊綑綁，人生就會變得格外窒息。如此一來，想將罪惡感轉化為成長的養分，恐怕非常困難。

你就當作被騙，放輕鬆對自己說：「總會有辦法的。」請相信我，一定會有辦法。束縛你的，正是你自己的心，沒有別的。只要你願意，任何時候都可以得到自由。

一旦心變得柔軟、有彈性，就有餘裕思考接下來的事情，「好，接著該怎麼做呢？」你的視野也會跟著開闊起來，能從不同的角度觀看事物。

擁有一顆有彈性的柔軟心，便能從三百六十度各個角度觀察事物，找到問題的突破點。換句話說，這樣的心態就是我們所說的「餘裕」。此時，呼吸也非常關鍵。只要調整好姿勢和呼吸，內心也會隨之恢復平靜和柔軟的狀態。

# 無常迅速：在有限的時間內，你想做什麼？

在禪寺，會敲打木板發出聲響，以提醒修行僧某件事即將開始。這條木板上就寫著「無常迅速」這句禪語。

這句禪語指的是，時間流逝迅速，萬事萬物均無常。

時間不停流逝，不等人。如果你還執著於過去的錯誤，只是浪費寶貴的時間而已。這些時間一旦過去了，就再也回不來。就像試圖用手把灑出去的水收回來一樣，完全是徒勞無功、毫無意義。

重要的是，我們每個人的時間都是有限的。既然如此，我們該怎麼活下去呢？答案是：不被過去所束縛，也別畏懼未來，珍惜此時此刻就對了。

一直被困在過去的懊悔裡，容易讓人逐漸失去活在當下的力量。假設你曾忘記與朋友的約定，傷透對方的心，你非常後悔、產生很重的罪惡感，也許會影響到你們往後的關係。但真正重要的，是你在那之後的行動。認錯、誠摯地道歉，並努力不再犯下相同的錯誤，這才是真正的珍惜當下。

# 滴水滴凍：在此時此地，面對你的罪惡感

覺得有罪惡感，是人之常情。但請不要讓罪惡感在你的心裡越囤越多。

當你一覺得「糟糕了」的時候，請馬上處理。若因情緒激動說了不該說的話，就立刻道歉；反過來，如果受傷了，也請立即表達你的感受。那些「先忍耐一下」、「等一下再說」的習慣，容易使人與人之間的關係日益扭曲變形。**道歉的最佳時機只有一個，就是「當下立刻」**。只要掌握好當下道歉的時機，就能心平氣和地表達你要說的

話，避免產生情緒化的反應。

「滴水滴凍」這句禪語，描繪寒冬中，水滴一落下便立即結凍的景象。真正的涵義是：人生修行應當如水滴即時凝結般，不遲疑不怠惰、持續精進。

但換個角度想：不是一滴水，而是累積了一整夜的水，會發生什麼事？一整碗的水，當然沒辦法立刻結凍。一想到得花上好幾倍、幾十倍的時間才有辦法做到，人往往就會變得消極、提不起勁。情緒悶在那裡不處理，有害無益。

# 他不是吾．只有「自己」能改變現況

「應該有別人會去做吧。」我們常常會這樣想。但禪的教導嚴正地提醒我們，不應抱持這種天真和依賴的心態。

這是道元禪師赴中國求法時的一則逸聞。

道元禪師看到一位年邁的典座（佛寺中執掌大眾床座及齋粥等雜事之役者）在烈日下曬香菇，便問他：「為什麼不請年輕禪僧來做呢？」老典座回答：「他不是吾。」意思是，**別人不是我，自己親自去做才是修行**。

這句話說得真是再貼切也不過。沒有人能代替你成為你自己，同樣的，你也不可能成為別人。你心中的罪惡感，也只有自己才能處理與釋懷，沒有任何人能夠代勞。

這樣的事實也許會讓人感到有些孤獨，但換個角度想，這也正是自由的證明。你的人生，就只屬於你的。明白這點之後，就不會再消極地等待別人來拯救你。放下腦中那些無止境的煩憂，如流水般從容安定，卻又堅定地不斷往前行。

# 日日是好日：只要你是人生的主人公，每一天都是「好日子」

你要如何度過今天？是讓它被過去支配，還是將過去當作養分，盡自己所能讓今天成為好日子呢？這完全取決於你自己。

即使身染重病，隨時都可能撒手而歸，但你依然能讓今天成為好日子，這正是禪語「日日是好日」所要傳遞的真意。

我們常常忘了自己才是人生的主人公，總以為自己受到他人或環境的限制。例如，天氣晴朗時，就說「今天天氣真好」，下雨時，就覺得「今天天氣真糟」，喜歡將一切分為好與壞。

但禪所提倡的主人公人生觀，並非如此。人生不可能事事如意，但我們也不該因此自怨自艾。晴天時，欣賞陽光的明媚，雨天時，感受雨水的靜謐美好。用心感受每一天，享受每分每刻，從中發掘生命的意義，這正是讓人生「日日是好日」的祕訣。

## 後記

# 罪惡感，並非毫無意義

在這個資訊爆炸的時代，我們接受的資訊量和人際關係的複雜度，遠比幾十年前要來得大很多。也因此，我們容易過度在意自己的言行是否會對他人造成影響。結果，即使是微不足道的小事，也容易讓人感到自責，深陷罪惡感的折磨。

禪的智慧和教誨並不否定這些情緒，而是主張接納它，並從罪惡感之中，尋找出隱藏在其中的成長線索。

如書中一再強調，禪的基本態度，就是全心全意活在「此時此刻」。換句話說，罪惡感之所以會在人生中籠罩出陰影，正是因為它阻礙了我們努力活在「現在」。

那麼，就讓我們把被困住過去的內心，重新拉回到此時此刻吧。如本書所介紹，可以先從丹田呼吸開始，或是「一行三昧」地默默打掃，靜靜地仰望月亮亦可。如此一來，你那因罪惡感而疲憊不堪的身心，能得到些許休息。接下來，請把心力投注於現在該做的事情上。

放下罪惡感，並不是要你視而不見，也不是要你徹底遺忘，而是帶著這份罪惡感，積極地活下去。當你做到了，自然就會產生一種餘裕，讓你能對自己說：「這些經歷，並非毫無意義。」這樣一來，罪惡感也會逐漸淡去。

衷心祈盼你能擁有幸福且安穩的每一天。

Eurasian Publishing Group
圓神出版事業機構
用心與你對話 · 網野無限寬廣
方智出版社
Fine Press

www.booklife.com.tw reader@mail.eurasian.com.tw

自信人生 199

# 別動不動就自責：

## 把罪惡感化為力量，不內耗的禪智慧

作　　者／枡野俊明
譯　　者／謝敏怡
發 行 人／簡志忠
出 版 者／方智出版社股份有限公司
地　　址／臺北市南京東路四段50號6樓之1
電　　話／（02）2579-6600 · 2579-8800 · 2570-3939
傳　　真／（02）2579-0338 · 2577-3220 · 2570-3636
副 社 長／陳秋月
副總編輯／賴良珠
資深主編／黃淑雲
責任編輯／胡靜佳
校　　對／胡靜佳 · 林振宏
美術編輯／蔡惠如
行銷企畫／陳禹伶 · 陳衍帆
印務統籌／劉鳳剛 · 高榮祥
監　　印／高榮祥
排　　版／莊寶鈴
經 銷 商／叩應股份有限公司
郵撥帳號／ 18707239
法律顧問／圓神出版事業機構法律顧問　蕭雄淋律師
印　　刷／祥峰印刷廠
2025年7月　初版



定價 320 元　ISBN 978-986-175-852-7 

只要描摹「未來日記」，就能讓你開始關注一直存在著、只是自己沒有察覺的事情，和你所期待的世界。

——《3分鐘未來日記》



國家圖書館出版品預行編目資料

別動不動就自責：把罪惡感化為力量，不內耗的禪智慧 / 枡野俊明著；謝敏怡譯. – 初版. -- 臺北市：方智出版社股份有限公司, 2025.07

224面；14.8×20.8公分 --（自信人生；199）

ISBN 978-986-175-852-7（平裝）
1.CST：禪宗　2.CST：生活指導
226.86　　114005944